普通高中信息技术教学指导丛书

信息系统与社会·课程设计

熊　璋　邵红祥　编著

PEOPLE'S EDUCATION PRESS 人民教育出版社
·北京·

图书在版编目（CIP）数据

信息系统与社会．课程设计 / 熊璋，邵红祥编著．— 北京：人民教育出版社，2021. 6

（普通高中信息技术教学指导丛书）

ISBN 978-7-107-35883-8

Ⅰ．①信… Ⅱ．①熊… ②邵… Ⅲ．①计算机课—高中—教学参考资料 Ⅳ．① G633. 673

中国版本图书馆 CIP 数据核字（2021）第 107517 号

本套丛书是上海市"立德树人"人文社会科学重点研究基地——信息科技教育教学研究基地研究成果。

责任编辑：黄应会

美术编辑：李　媛

普通高中信息技术教学指导丛书　信息系统与社会·课程设计

出版发行　人民教育出版社
（北京市海淀区中关村南大街 17 号院 1 号楼　邮编：100081）
网　　址　http://www.pep.com.cn
发　　行　全国新华书店
印　　刷　保定市中画美凯印刷有限公司
版　　次　2021 年 6 月第 1 版
印　　次　2021 年 6 月第 1 次印刷
开　　本　890 毫米 ×1240 毫米　1/32
印　　张　5.125
字　　数　103 千字
定　　价　21.80 元

序一

2003年，教育部颁布《普通高中技术课程标准（实验）》，信息技术作为一门独立开设的课程，正式进入我国高中课程体系。2013年，教育部基教二司（即后来的教材局）开始调研并组建各学科课程标准修订专家组，启动了工程浩大的普通高中各学科课程标准修订工作。记得是在2014年12月7日召开的普通高中课程标准修订工作启动会上，我结缘了同为专家组成员的北京航空航天大学计算机专业的熊璋教授，并从此开始了多年的合作。

毋庸置疑，信息技术作为一门独立的普通高中课程，对推动我国普通高中信息技术教育的发展、提升高中学生的信息素养、帮助他们适应信息时代的学习和生活，发挥了至关重要的作用。在课标修订工作启动之初，我们面临的是，数字技术在多年的发展中取得了革命性进展，云计算、移动互联、智能终端、大数据、人工智能等技术应用进入人们的日常生活，改变了知识获取、社会交往等学习、工作和生活的方式，课程实施的外部条件和内部动力都发生了巨大改变。客观上，我们对“信息素养”的理解需要调整和更新，达成新的共识。长期以来，信息技术课程教学实践被诟病为软件步骤操练与基本知识记忆，使得我国数字化人才培养的路子偏离为培养计算机操作工，这种现象迫切需要得到纠正。学科概念的界定亟须跟上时代的发展，知识体系应该更加完善。只有这样，高中信息技术课程体系设计才具备可靠的学术保障，信息技术学科才能解决“立身”的问题。

在课标修订过程中，我们总结了过去十多年来高中信息技术课程实施中的得与失，在发展中国学生核心素养的总体指导下，借鉴国内外的先进理念和经验，提炼学科核心素养，界定学科大概念。在此基础上，设计课程结构、课程内容，提出学业质量要求与实施建议。在每一个工作阶段，作为一名活跃在计算机应用领域、参与过许多重大项目的顶尖专家，熊璋教授站在专业人才培养和全民信息素养提升的角度，都力主一定要将最能反映学科特性的知识和素养落实在课标中。凡是涉及计算机学科概念的部分，多数情况下组内专家都会不约而同地请他把关，力求保证科学性与严谨性。这时的他，在我眼里是一位对科学真知孜孜以求的科学家。

随着2018年1月《普通高中信息技术课程标准（2017年版）》的正式颁布，课标修订工作告一段落。熊璋作为课标组核心成员，经常被邀请到各地对一线教师进行指导；同时，他被聘为国家教材委员会科学学科专家委员会委员，开始了普通高中信息技术教材的审查工作。在这期间，他经常和我联系，谈及在交流与审查过程中遇到的各种问题。例如：对学科素养的理解不到位，对学科各级概念的认识模糊，淡化软件操作等基本应用后的教学迷航，对算法的强调使教学中出现了培养“码农”的苗头，新内容缺乏有效的教学案例，等等。熊璋认为这些问题最终会影响如何培养信息时代“原住民”的信息素养，乃至如何落实立德树人的教育目标。熊璋教授是个急性子，想到这些问题就心急如焚。近期，他已经把这些思考组织成系统表述，在人民网连续刊载呼吁：《编程热引发思考：推动信息素养教育刻不容缓》《稳步推进信息素养教育，大胆尝试科学的评价》《普通高中信息技术课程不是培养“码农”的教育》《充分利用人工智能促进教育公平》等，提醒有关部门和公众认识真正的信息技术教育。这时的他，在我眼中是一位专注于传播与普及信息技术的科学教育家。

熊璋并未止于呼吁，同时，他撸起袖子开始编写一套既能解读课标内容，又能辅助教师教、学生学的指导丛书。他组织了课标组里年轻的专家，大学计算机、通信专业的年轻教授，以及一线教研员、教师，共同编写了这套丛书。书中列举了大量翔实的案例，从人们所处的信息时代入手，第一次从从容感、幸福感、使命感、危机感四个方面阐述了学科素养的育人价值；以信息技术学科的核心概念和学科逻辑为依托，厘清了课标中各知识点之间的关联。希望师生们在阅读这套丛书后，不但能更好地理解新课标中要求的学科内容，还能将信息素养的理念融会于心。

我觉得，基础教育中信息技术学科这几年的一大收获，是得到了像熊璋那样的大学相关学科领域专家的深度投入。他们对于人才培养的站位高，对于学科知识的把握系统且精准，对于学科实践理解深入，这些都是基础教育信息技术学科保障课程质量、保持发展活力的重要源泉。衷心希望有更多的熊璋投入服务基础教育的工作中来！

任友群

2019年7月

序二

立德树人的教育目标如何落到实处？

素质教育的教育理念如何变为现实？

教育如何适应信息技术的高速发展？

普通高中信息技术教育如何培养全体学生的信息素养？

普通高中信息技术课程怎么教？怎么学？

上述问题是信息技术课程实施中比较突出和集中的问题。身处科学技术，尤其是信息技术推动社会巨大进步的时代，公民的信息素养与人文素养、科学素养同等重要。信息素养是信息社会的公民面对信息发展、信息文明、信息冲击时，保持从容感、幸福感、危机感和使命感的源泉。

2018年年初，我国颁布了《普通高中信息技术课程标准（2017年版）》，信息技术课程作为一门提升青少年的信息素养水平、增强新一代在信息社会中的适应力与创造力的基础性科学学科，不再只关注打字、软件操作等基本应用，也不是认准一种语言只关注编程技巧。面对这种变化，普通高中一线教师怎么教、学生怎么学的问题必须得到很好的解答，这是出版《普通高中信息技术教学指导丛书》的初衷。

丛书第1册《信息社会·信息素养》，集中呈现信息社会中信息素养的重要性，基于对信息社会特征的分析，描述信息素养的内涵，明确信息素养教育是提高学生数字化胜任力的必由之路。

丛书第2册到第5册，重点讲解信息素养的四个维度：信息意识、计算思维、数字化学习与创新、信息社会责任，包括信息素养的内涵、育人价值，关键是落实到怎么教、怎么学等内容上。

丛书第2册《信息素养·信息意识》，结合实际案例和真实的教学情境，解读信息意识的内涵和意义，解决了“信息意识怎么教”的问题，帮助教师将信息意识教学落到实处。回答了“信息意识怎么学”的问题，告诉学生如何提升自己的信息意识。

丛书第3册《信息素养·计算思维》，通过典型情境，解读具体到抽象的内涵与过程；针对不同问题，介绍从形式化到建立模型的思维方法；结合实际情形，揭示自动化本质；追求鲁棒性，传递容错观念；分解步骤，突出递归价值，说明计算思维如何教。指导学生从日常生活中感知、在实际问题中运用、在跨学科创新中迁移计算思维。

丛书第4册《信息素养·数字化学习与创新》，通过创设数字化学习环境，创新多样教学策略，基于真实情境的产品设计，关注跨学科解决问题，建议数字化学习与创新怎么教，指导学生如何感知、体验、迁移数字化学习与创新。

丛书第5册《信息素养·信息社会责任》，建议超越“说教”的教学组织方式，紧密结合案例，指导学生辨析信息社会责任，使其具有同理心，能扬善避恶，从自身做起，传递正能量，践行信息社会责任。

丛书第6册和第7册，围绕必修模块1“数据与计算”展开，其中第6册《数据与计算·课程设计》系统介绍了“数据与计算”相关的核心概念、学科逻辑和教学设计，目的是为教师提供教学设计与实践的方向感和支撑点。第7册《数据与计算·情境与案例》则是一个相关的案例集，详细介绍情境与案例的选择原则和分析角度，探讨典型案例在教学中的运用，针对不同层次、不同区域的师生，提供了多样化的情境与案例。

丛书第8册和第9册，围绕必修模块2“信息系统与社会”展开，其中第8册《信息系统与社会·课程设计》系统介绍了“信息系统与社会”相关的核心概念、学科逻辑和教学设计，目的是为教师提供教学设计与实践的方向感和支撑点。第9册《信息系统与社会·情境与案例》则是一个相关的案例集，详细介绍情境与案例的选择原则和分析角度，探讨典型案例在教学中的运用，针对不同层次、不同区域的师生，提供了多样化的情境与案例。

丛书第10册《核心概念解析》是一本工具书，详细解读了本学科的核心概念，包括基本内涵和主要特征等，期望老师和同学不会被一些错误的概念引导。

为了这套丛书的编撰，我们集中了大学计算机学科教授、大学信息技术课程与教学的教授、中学教研员和中学特级教师，在一年多的时间里，不断讨论、推敲，就是希望能给一线教师提供一个面对新课标时靠得住的抓手。

2019年6月

前言

“如何才能实现基于核心素养的信息技术课堂教学？”这是自《普通高中信息技术课程标准（2017年版）》颁布以来，一线教师普遍关心的问题。这次课程标准的修订，在课程目标、课程内容和课程实施方式等方面与前一版相比产生了较大的变化，给教师的教和学生的学都带来了一定的困惑和挑战。本书针对“信息系统与社会”模块的教学作一些探索与实践，希望为师生在教学实践中提供靠得住的抓手。

本书的编写过程是一个“创造性”的开发过程，通过一年多时间的讨论、推敲和实践，最终成形。其凝聚了团队的集体智慧，尤其是主编熊璋教授，他精准把握课程标准的精神和方向，提出了基于学科核心概念和学科逻辑、内化学科核心素养的课程实施框架，研究探索了基于核心素养的学科教学新范式，较为直观地展现了在核心素养落地方面的思考与实践。在此基础上，结合作者近年来参与课程标准修订、教材编写、教学研讨等经历积累起来的一些思考与感悟，形成该书。

本书共4章。

第1章主要解决了“信息素养如何落实到本模块教学中”的问题。在理解信息素养内涵的基础上，结合信息系统与信息社会的基本概念、基础知识与基本技能，围绕对信息系统的理解和应用，以及信息社会问题解决，将学科核心素养“信息意识”“计算思维”“数字化学习与创新”“信息社会责任”进行相应落实，从而提升学生的信息素养。

第2章主要梳理了本模块中的学科核心概念。依据课程标准提出的“基于大概念的主题单元学习”新策略，梳理出本模块中的学科核心概念，力求使课程内容结构化和情境化，从而更有利于主题单元学习的开展，促进学科核心素养的落实。

第3章主要提炼了本模块中的学科逻辑。课程标准强调学科思想与方法的渗透，因此，需要提炼出能够反映学科思想和方法的思维规律，关注学科知识的内在关联，让学生在学习知识与技能的过程中，关键能力和必备品格得到培养，从而逐步提升学生的信息素养。

第4章主要介绍了教学设计的过程与方法。学习方式的变革是让核心素养落地的重要途径，关注能力的核心素养对传统教学方式提出了新的挑战，教师需要围绕学科核心概念和学科逻辑，从大单元的视角系统规划教学，以更多参与式、合作式、探究式的方式组织教学，在无形中实现核心素养的内化。

本书得以完成，非常感谢熊璋教授的智慧点拨，魏雄鹰老师的关切与指导，团队成员的精诚合作，黄应会责任编辑的专业支持，浙师大附中潘晓锋老师和诸暨中学张冠宇老师的案例提供，越州中学赵军老师的意见反馈！

期待本书能够给广大教师在教学实践中有参考作用，提升全体学生的信息素养，一起推动信息技术课程向前迈入新的阶段。当然，受时间篇幅等原因的限制，还存在许多的不足之处，敬请批评指正！

2021年2月

目录

第 1 章　“信息系统与社会”中的信息素养　1

第 1 节　信息意识在“信息系统与社会”中的落实　2

一、提升信息感知的敏感度　2

二、增强信息处理的自觉性　6

三、提高信息价值的判断力　7

第 2 节　计算思维在“信息系统与社会”中的落实　10

一、领悟学科思想方法　10

二、发展迁移应用的能力　14

第 3 节　数学化学习与创新在“信息系统与社会”中的落实　20

一、主动适应数字化环境　20

二、充分利用数字化工具　22

三、积极开展数字化协同创新　24

第 4 节　信息社会责任在“信息系统与社会”中的落实　27

一、明了信息社会责任　27

二、践行信息社会责任　29

第 2 章　“信息系统与社会”中的核心概念　33

第 1 节　“信息系统与社会”中核心概念的诠释　34

一、信息　34

二、信息技术　35

三、信息社会　36

四、系统　38

五、信息系统　39

六、人机交互　42

七、物联网　44

八、移动终端　46

九、协议　48

十、云计算　51

十一、信息安全　54

十二、信息法律　56

十三、信息伦理　57

第 2 节　“信息系统与社会”中核心概念的辨析　60

一、互联网与物联网　60

二、本地计算与云计算　63

三、协议与标准　69

四、信息法律与信息伦理　74

第 3 章 “信息系统与社会”中的学科逻辑 79

第 1 节 系统与模块 80

一、系统与模块的逻辑 80

二、系统与模块逻辑的体现 81

第 2 节 反馈与优化 89

一、反馈与优化的逻辑 89

二、反馈与优化逻辑的体现 90

第 3 节 开放共享与安全保护 95

一、开放共享与安全保护的逻辑 95

二、开放共享与安全保护逻辑的体现 96

第 4 章 “信息系统与社会”中的教学设计 105

第 1 节 确立学科核心素养的教学目标 106

一、明确教学目标制定的依据 106

二、制定指向学科核心素养的教学目标 109

第 2 节 依据教学目标设计教学过程 112

一、教学内容的组织 112

二、学习活动的创设 114

三、学习评价的设计　118

第 3 节　指向学科核心素养的教学设计实例　121

一、指向学科核心素养的教学设计呈现框架　121

二、“信息系统与社会”中的教学设计实例　122

参考文献　143

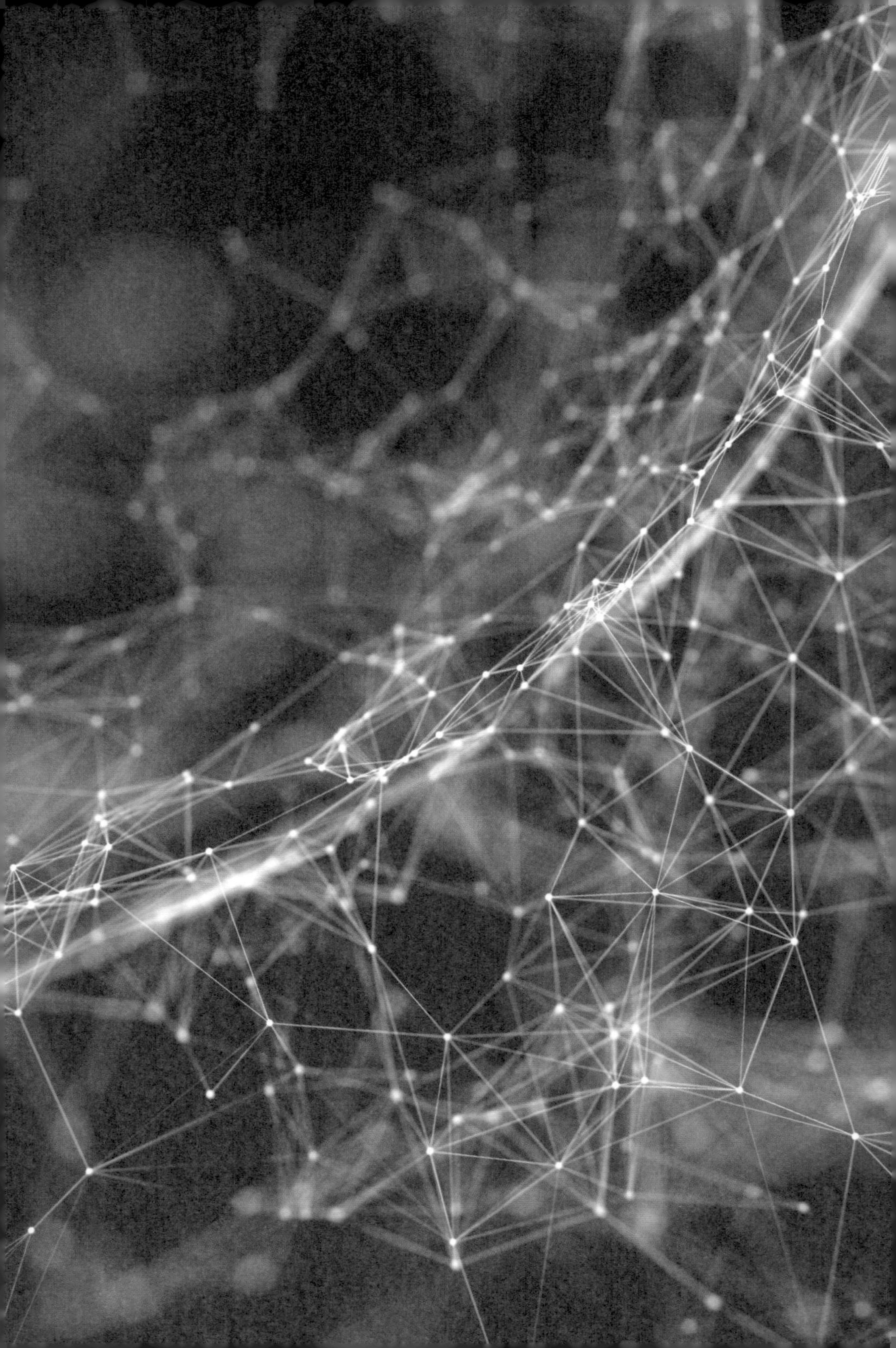

第 1 章
“信息系统与社会”中的信息素养

信息社会中，现实空间与虚拟空间交织形成了一个全新的社会环境，在改变人们生活、工作与学习方式的同时，也塑造了一种全新的生存与发展方式[1]。面对全新的社会形态和机制，人们必须掌握信息科技相关的知识与能力，这是成为合格数字公民的必备素养。

“信息系统与社会”模块作为高中信息技术课程的必修模块之一，针对信息社会生存与发展的需要，分析信息系统和信息社会的基本知识与技能，强调利用信息系统解决问题的过程与方法，提升学生信息安全和社会责任意识，从而让学生理解人、信息技术与社会的关系，认识信息系统在人类生产和生活中的重要作用，合理运用信息系统解决生活、学习中的问题，理解信息安全对当今社会的影响，安全、守法地应用信息系统。

通过本模块的教学，要提升学生的信息素养，具体可以从信息意识、计算思维、数字化学习与创新、信息社会责任四个方面去落实。

第1节 信息意识在“信息系统与社会”中的落实

信息意识是指个体对信息的敏感度和对信息价值的判断力。具备信息意识的学生能够根据解决问题的需要，自觉、主动地寻求恰当的方式获取与处理信息；能够敏锐感觉到信息的变化，分析数据中所承载的信息，采用有效策略对信息来源的可靠性、内容的准确性、指向的目的性作出合理判断，对信息可能产生的影响进行预期分析，为解决问题提供参考；在合作解决问题的过程中，愿意与团队成员共享信息，实现信息的更大价值[1]。

信息意识的建立与发展并非一蹴而就，它会随着学生对信息社会的融入紧密程度和认识的深刻程度而不断发展[2]。在“信息系统与社会”模块中，信息意识的形成依赖于学生对信息系统与信息社会的充分认知与理解，尤其是对自己身处信息社会的感知与判断。具体需要从以下几个方面去落实。

一、提升信息感知的敏感度

在信息感知方面，信息意识表现为个体对信息发展变化过程感知的敏感度[3]。随着信息技术的不断发展，人们获取、处理、传输和利用信息的能力大幅提升，加快了全球范围内的知识更新和技术创新，催生出现实空间与虚拟空间并存的信息社会。因此，在教学中，要引导学生对信息技术、信息系统与信息社会有充分的感受与认知。

首先，要引导学生感受信息社会各领域中信息技术的应用实例及其发挥的重要作用。能从劳动工具、生产方式、交易方式、产业结构、生活方式、聚居特点乃至组织结构的变革等方面，感知信息技术对个体与社会各方面产生的影响。

案例

案例 1.1-1　德国友人阿福“无现金”杭州一日游

2016年9月的一天，德国友人阿福来杭州切切实实地体验了一次“只带手机，不带现金”的旅行。上午7时，他从上海的家里出发，在去火车站的路上，通过“阿里旅行”预订了从上海到杭州东站的火车票，并用支付宝支付了票款。8时57分到达杭州，阿福直奔杭州东站旅游集散中心，用支付宝扫一扫的功能，用芝麻信用分免费借了一个充电宝。接着，他上了公交车，使用支付宝中的“公交支付”功能，将产生的二维码在公交车上的扫码器前一扫，完成了公交付款，如图1.1-1所示。后来阿福到河坊街游玩，看到“武大郎烧饼”，想买但没有现金，摊主“武大郎”拿出二维码，让阿福通过扫码付钱。通过一系列移动支付，阿福品尝了杭州菜、喝了龙井茶、看了中医、逛了公园……吃、喝、玩、乐一整天，没有用一分钱的现金。

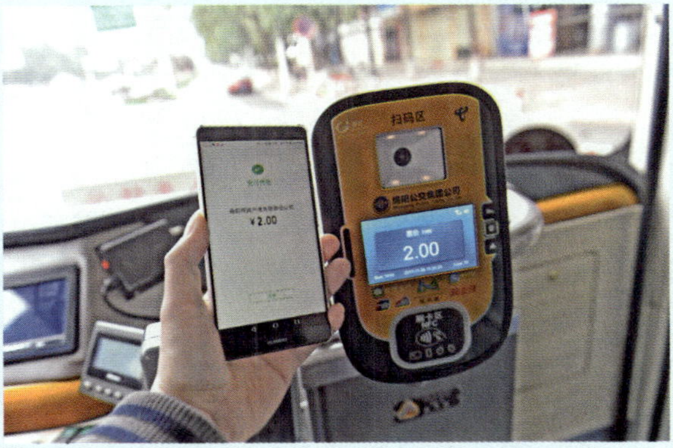

图 1.1-1　扫码乘公交

（参考自《德国小伙“无现金”杭州一日游》，新华社新媒体专线，2016-08-02）

通过德国友人阿福“无现金”杭州一日游这个案例，可以引导学生对“涉及了哪些信息技术”“这些信息技术的应用给人们的生活带来了哪些影响”“生活、学习中有哪些类似的信息技术应用实例”等问题进行思考，让他们感知信息技术对个体与社会在生产方式、学习方式、生活方式等方面的影响。

其次，要引导学生认识到信息系统是信息社会处理信息的一种重要工具和方式。新技术支撑下的各种信息系统的应用，极大地改变了人们交流、出行、购物、阅读等生活和学习的方式。而作为信息时代“原住民”的学生，身处“人人可以创造、获取、使用和分享信息和知识[4]”的信息社会，他们对信息系统的应用习以为常，如在相应网站中学习、玩游戏，使用微信、QQ交流，在购物网站上购物等。因此，要引导他们通过对信息系统应用实例的分析与思考，或者参观企业、农村、社区、政务中心等场所，意识到信息和知识是信息社会重要资源的一部分，信息系统是信息处理的重要工具和方式之一，并能够识别个人和学校、家庭、社区常用的信息系统，清楚其与自己和社会的关系，思考其在发展与应用过程中存在的问题，探讨信息系统的优势与局限性，并进一步引导他们描述信息社会的基本特征，从而让学生对信息系统与信息社会有更进一步的认知与理解。

案例

案例 1.1-2　数据跑路一“网”办理

“互联网+政务服务”推进浙江政府数字化转型。数据多跑路，百姓少跑路，一“网”办理让业务“最多跑一次”。市民拿出手机打开《浙里办》App①，在“浙”里，从交学费、办社保、查违章、开证明这些“民生小事”，到不动产登记、企业开立等关乎创新创业的“家国大事”，都可以通过浙江政务服务网一“网”办理。

① App：应用程序，application的英文缩写。

《浙里办》App是一个集约化的平台，其办事页面如图1.1-2所示。各机关单位的对外政务办理都汇聚在这里。作为浙江省“最多跑一次”改革的实现平台和技术支撑平台，截至2018年年底，注册用户数超全省网民总数的四分之一。

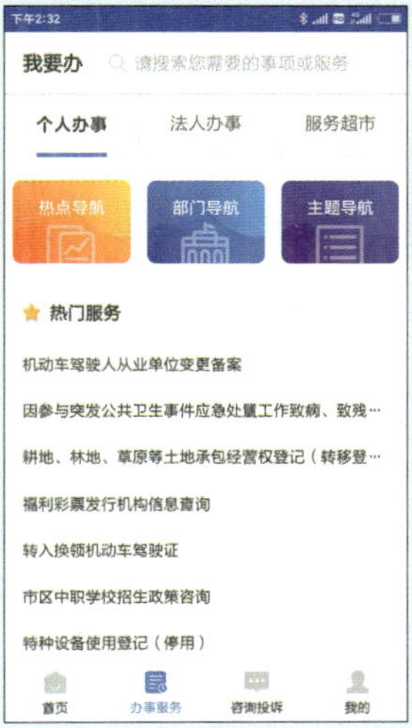

图1.1-2 《浙里办》办事页面

（参考自《数据跑路一“网”办理“互联网+政务”推进浙江政府数字化转型》，浙江在线，南希，2018-11-3）

针对《浙里办》信息系统，学生需要进一步思考“如何实现‘从人跑路到数据跑路’的转变”“在该系统中交学费，其中的信息是如何被处理的”“该类系统的应用对信息社会产生了怎样的影响”“生活、学习中是否有类似的系统”等问题，更深刻地理解信息技术和信息系统对社会产生的影响、信息系统的优势与局限性以及发展趋势，并能描述信息社会的基本特征。

在教学过程中，教师要基于学生日常生活和学习经验，选取贴近学生生活并与学生认知能力相匹配的现实性较强的情境与案例，让学生感受其中“信息技术应用”的事实。同时，设置相关问题，让学生能结合生活、学习实际，独立思考、独立分析和讨论交流，充分感受到信息技术发展带来的各种变化以及对生活的直观影响，从而能有效调动学习兴趣，促进有意义的认知。学生在探究式学习过程中，教师要注重引导和问题释疑，保护学生的学习兴趣，并进一步激发学生的学习动机，引导学生探究情境与案例相关的知识，达到整体认知的目的，从而提升学生对信息发展变化过程感知的敏感度，有效落实信息意识的培养。

二、增强信息处理的自觉性

在信息应用层面，信息意识表现为个体根据解决问题的需要获取、加工、表达、交流信息的自觉性[3]。在信息社会中，信息已成为必不可少的基本生产资料之一，人们的生产、生活越来越离不开对信息的收集、存储、处理、传输和输出。利用那些合理设计和开发的信息系统，可以更好地收集、存储和管理数据，能够将数据转变为信息、将信息转化为知识。因此，学生要能够根据问题解决的需求，自觉利用信息系统获取与处理信息，具备保护个人隐私和维护信息安全的意识，并能采取必要的防范措施，在此过程中提升对信息处理的自觉性。

案例

案例 1.1-3　二维码自助语音导览系统

若采用铭牌的形式，用文字对旅游景区进行描述，往往存在内容量有限、形式不够生动等不足。为了解决这些问题，很多旅游景区采用了二维码自助语音导览系统。游客只要用手机扫一扫二维码（图 1.1-3），就可以听到解说或浏览详细信息，从而了解该景区的文化故事、历史人物、景观区域规划、景区游览等内容。

图 1.1-3　二维码自助语音导览示意图

（参考自《景区智慧旅游服务之二维码扫描自助语音导览系统》，搜狐网，2017-05-02）

在该案例中，学生要能思考“你是否会自觉、主动地使用景区的二维码自助语音导览系统”“该导览系统主要解决了什么问题”“扫描二维码存在哪些安全隐患”等问题，逐步提升对信息获取、加工、表达、交流和保护的自觉性。

信息处理的自觉性与学生平时的学习和生活息息相关。因此，教师在教学过程中，要有目的地设置一些真实的生活或学习情境，激发学生踊跃体验的兴趣。例如，利用案例 1.1-3 创设旅游景点利用自助语音导览系统解决问题的情境，使学生置身于情境之中，引发对信息获取与处理的思考，达到客观存在对主观意识的促进作用，从而提升对信息处理的自觉性。

三、提高信息价值的判断力

在信息观点形成上，信息意识表现为个体对信息来源、内容、表达目的以及产生影响的判断力[3]。在利用信息系统解决问题的方案选择与实施的过程中，始终伴随着如何鉴别与评价信息的问题。学生要从当前使用者和未来开发者的角度，评价信息系统各要素所发挥的作用，能判断要素的改变会对信息系统产生怎样的影响；要能够分析数据中所承载的信息，采用有效策略合理判断信息来源的可靠性、内容的准确性、指向的目的性，具备对信息准确性的甄别能力，对信息可能产生的影响进行预期分析，为解决问题提供参考。

案例

案例 1.1-4　Wi-Fi[①]、ZigBee[②]和蓝牙，哪个更适合室内温度监测系统？

在开发“室内温度监测系统”时，需要实现室内温度监测数据无线传输。在考虑组网方案时，各种设备组网方式不尽相同，在成本、功耗、距离等特性上也各有千秋。当然，组网方式的不同也直接影响控制技术方式的不同。目前，大家广泛熟知的组网方式包括Wi-Fi、ZigBee和蓝牙等。这三种方式的特性对照表如表1.1-1所示。

表1.1-1　Wi-Fi、ZigBee和蓝牙技术特性对照表

	Wi-Fi	ZigBee	蓝牙
使用频段	2.4 GHz		
价格	贵	便宜	适中
范围	100米	75米	理论100米实际15米
功耗	高	低	低
传输速度	54 Mbps	100 Mbps	1 Mbps
设备连接能力	50台	50台	7台
安全性	低	高	高
优点	易实现，受用范围大	可自组网，且是独立网络，几乎不会掉线	体积小，受用群体广
缺点	功耗大，体积大，有部分产品会受限	受用范围较小，较难普及	连接能力有限且只允许单一连接

① Wi-Fi：无线保真，wireless fidelity的英文缩写。

② ZigBee：也称紫蜂，是一种低速、短距离传输的无线网上协议。

由此可见，Wi-Fi、ZigBee与蓝牙这三种组网方式都有各自的优势，在设计“室内温度监测系统”的组网方案时，可根据实际选择最适合的方案。

在考虑“室内温度监测系统”组网方案时，学生要能分析Wi-Fi、ZigBee和蓝牙三种组网方式各自的性能，要根据系统开发的需求和实际情况（如经费预算、传输距离、连接设备数量、传输速度等）作出合理的判断，选择和实施最适合的方案。

在实际教学中，教师选择合适的案例或情境，为学生提供多种解决问题的方案，如案例1.1-4中，组网方式可采用Wi-Fi、ZigBee和蓝牙等。学生在方案的选择与实施过程中，通过比较、体验等方式，巩固所学知识，厘清知识结构，提升对信息价值的判断力。

为此，在落实本模块“探讨信息技术对社会发展、科技进步以及人们生活、工作与学习的影响，描述信息社会的特征，了解信息技术的发展趋势[1]”等内容要求的过程中，要通过让学生感受信息技术应用的重要性、运用信息技术工具解决问题、选择与实施解决问题的方案等多种方式，提升他们对信息感知的敏感度、对信息处理的自觉性和对信息价值的判断力，不断增强信息意识。

第2节 计算思维在“信息系统与社会”中的落实

计算思维是指个体运用计算机科学领域的思想方法，在形成问题解决方案的过程中产生的一系列思维活动。具备计算思维的学生，在信息活动中能够采用计算机可以处理的方式界定问题、抽象特征、建立结构模型、合理组织数据；通过判断、分析与综合各种信息资源，运用合理的算法形成解决问题的方案；总结利用计算机解决问题的过程与方法，并迁移到与之相关的其他问题解决中[1]。

计算思维是一种问题解决的思维方式。新时代自然科学的发现、社会科学的研究、人工科学的艺术设计与工程创造都需要面对更加复杂的系统，信息系统已成为个体和组织在信息社会生活、生产中必不可少的一个系统要素，它联系着人、硬件、软件、网络和数据资源。在“信息系统与社会”必修模块中，学生在对信息系统的构成与工作方式有充分认识和深刻理解的基础上，领会利用信息系统解决问题的思想与方法，感知各类信息系统在生产、生活与学习中的作用，能够根据问题需求选择合适的信息系统解决问题。为此，计算思维在该模块中的落实，具体可以从以下几方面去展开。

一、领悟学科思想方法

在信息技术快速发展的今天，显性的技术工具改变着人们外在的行为，而隐性的学科思想方法潜在地影响着人们的内在思维[5]。因此，在利用信息技术解决问题的过程中，需要落实基于学科特点及本质的思想方法的渗透，注重提升学生在面对复杂场景、复杂问题时的思维品质。

利用信息系统解决问题，关键点是设计和实现系统。具体而言，就是如何通过“结构”将一组“构件”（模块、组件、对象等要素）组织起来完成一定功能，即系统的构造[6]。在解决问题的过程中，需要运用系统化、模块化、迭代优化等思想，探究信息系统设计和实现过程中的方法和规则，体会信息技术中蕴含的智慧，明白操作背后蕴含的原理。通过抽象，在不改变意义的前提下隐去或减少过多的具体细节，抓住问题的本质，再将复杂问题分解成一个个容易处理的子问题或者将系统分解成主要模块，建立相应模型表征要素之间的关系，最后利用计算机进行解释，达到问题解决的目的。具体可着眼以下几个方面。

- 采用多种方式进行调查研究，确定方案需求与预期。
- 选择合适的工具进行系统目标分析，确定功能需求，从多个方案中选择满意的方案并进行优化。
- 采用模块化思想设计系统功能和模块。
- 根据程序模块进行程序的设计和调试。
- 分析和评价系统的不同特性（可靠性、安全性、可用性等）。

案例

案例 1.2-1　运用“自顶向下、逐步求精”的思想编写洗衣机控制程序

自动洗衣机的运行是由程序来控制的。一台自动洗衣机要满足不同用户的不同需求，需要提供“强力洗”“快速洗”“标准洗”“羊毛洗”“羽绒洗”等多种模式。图 1.2-1 所示的是某品牌洗衣机的控制面板。那么，如何运用“自顶向下、逐步求精”的思想来编写洗衣机的控制程序呢？

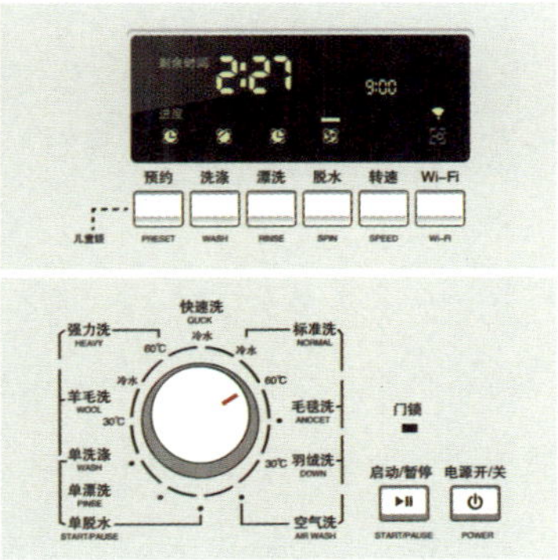

图 1.2-1　某品牌洗衣机的控制面板

“自顶向下、逐步求精”是计算机领域的一个重要思想。“自顶向下”是将复杂的大问题划分为小问题，找出问题的关键和重点所在，然后用精确的思维定性、定量地去描述问题。“逐步求精”是将现实世界的问题经抽象转化为逻辑空间或求解空间的问题。复杂问题经抽象化处理变为相对比较简单的问题。经若干步抽象（精化）处理，最后到求解域中就变成比较简单的编程问题。

学生运用“自顶向下、逐步求精”的思想来解决“洗衣机控制程序”的问题，可以将“洗衣服”这个“大”问题分解为“强力洗”“快速洗”“标准洗”“羊毛洗”“羽绒洗”等多个“小”问题。而每个“小”问题又可分解为进水、洗涤、漂洗、脱水等过程（图1.2-2）。

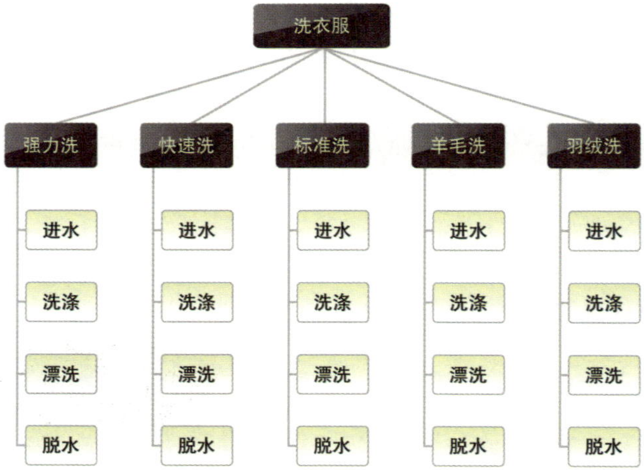

图1.2-2 “洗衣服”问题的分解过程

将整个洗衣过程初步分解为几个小过程，再对每个小过程逐步细化，如对其中的“进水”过程作以下细化。

- 过程一：进水

从选项中读取用户设定的水量；

关闭排水口；
打开放水口；
实时返回当前水量；
判断当前水量是否达到设定的标准，当达到标准
{
关闭放水口；
进入下一环节……（洗涤）
}

- 过程二：洗涤
- 过程三：漂洗
- 过程四：脱水
- 过程五：停机

在此基础上编写出以下这一段“进水”过程的伪代码：

```
READ 用户洗衣模式
READ 注水量
SET water to 0
FUNCTION wateropen(注水量)
    {
    WHILE (water < 注水量)
      {
        注水
        Water 计水
      }
    }
```

以上便是洗衣机工作中“进水”环节程序的伪代码示例，将其转化为机器识别的指令并有序执行，就可以一步步控制洗衣机完成“进水”工作。其他的几个过程也可采用类似的方法来实现。而通过改动程序中的一些参数，便可以实现对洗衣机不同洗衣模式的控制。例如：强力洗时，将转筒转速加快；洗羽绒服时，将漂洗时间加长等。然后将各个模块组合在一起，就能完成“洗衣服”的功能。

学科思想方法是学科教学的灵魂[5]。信息技术学科思想方法是在认识信息科技知识和技能，以及利用信息技术解决实际问题的过程中提炼出来的学科观点，是对信息技术学科的本质、特征及价值的认识，是发现问题并利用信息技术解决问题的指导思想。教学中，教师要以问题解决为载体，引导学生领悟其中的学科思想方法。

二、发展迁移应用的能力

对特定问题进行分析、求解后，当前这个特定问题得到了解决。如果将解决这个问题的思想和方法进行迁移应用，解决同类问题，举一反三，一通百通，达到“总结利用计算机解决问题的过程与方法，并迁移到与之相关的其他问题解决中[1]”的境界，这是“信息系统与社会”模块计算思维落实的另一个重要方面。

基于项目的学习是指学生在教师引导下发现问题，以解决问题为导向开展方案设计、新知学习、实践探索，具有创新特质的学习活动[7]。从现实生活中的真实情境出发，围绕具体的问题，灵活运用计算机科学领域的思想方法，通过问题的界定、抽象与建模、形成解决问题的方案等过程解决问题。在教学中引入项目学习的方法，利用项目学习训练、培养学生的实践能力、探究能力、合作能力和问题解决能力等，为学生创设迁移应用学科思想方法的机会。

案例

案例 1.2-2　建立一个校园“跳蚤市场”物品售卖信息系统

校园“跳蚤市场”物品售卖是让学生把家中闲置的文化用品、玩具、小饰品、图书等物品拿到校园进行交易的活动。为了让学生体验网络交易，学校计划给学生创设一个校园“跳蚤市场”物品售卖信息系统。该信息系统的建立需要经历“需求分析→系统分析→系统设计→系统实现”等步骤。

（一）需求分析

校园“跳蚤市场”物品售卖信息系统主要解决“学生物品网上售卖”的问题，实现“物品管理”“网上交易”“成交信息汇总”等功能。在完成问题识别以后，还要根据目标系统领域的背景知识，确定解决目标和问题的可行性，其中可行性包括计算机科学解决问题的局限性、现有的技术局限性等。

（二）系统分析

通过对问题的分析和方案的综合，逐步细化和明确目标系统的各个功能，建立问题的解决模型。具体来说，问题的解决模型是指对某一真实系统的目标、结构、行为等的抽象描述[8]。一般采用结构化、自顶向下的分析，利用模型中的对象、对象间的关系等基本元素来描述系统的结构和行为等过程。

校园“跳蚤市场”物品售卖系统中应包含的对象有用户和售卖物品。用户的属性信息包括姓名、性别、班级、出售物品名称、出售物品价格、购买价格、购买数量、购买时间等；出售物品的属性信息包括物品名称、物品编号、归属人等。系统的功能分析，包括用户和物品之间售卖关系的建立，可以用问题分析表和模块结构图来描述。

问题分析表是有效分析问题的方式，它包含了已知数据的分析、所要达到的结果、所需处理的中间问题、可选方案列举等。可以使用整体分析，也可以使用模块分析。表1.2-1对“购买合计”模块做了描述（购买合计=购买物品价格×数量）。

表1.2-1 问题分析表

分析项目	分析内容
已知数据	即问题给出的数据，可以写出数据项的名称或填写具体的数据，如购买物品的价格和数量
所要达到的结果	即问题求解的目标，包括需要的信息和格式，如合计
处理过程	即需要对数据进行的处理，包括排序、查找以及一些计算等，例如：购买合计=购买物品价格×数量
可选方案	本问题只有一个方案，将单价和数量都设定为变量，利用购买物品的单价和数量计算出“购买合计”

整个系统相应的功能模块示意图如图1.2-3所示。

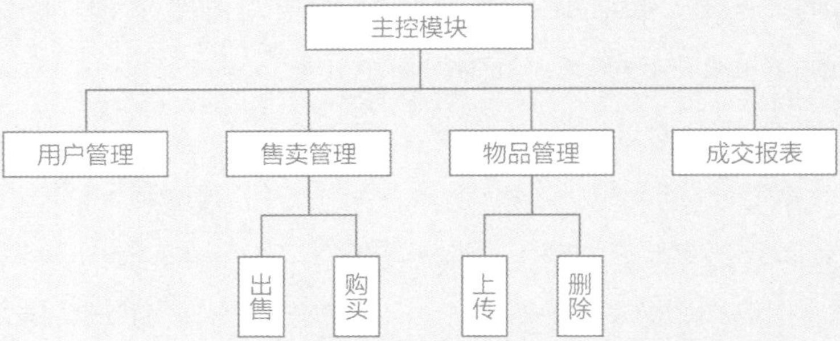

图1.2-3 功能模块示意图

（三）系统设计

通过“需求分析”“系统分析”解决了“要做什么”后，就进入“怎么做”的阶段，即系统设计阶段。

对于复杂的问题，我们需要采用分而治之的方法，即将系统模块化，细分每个模块，明确模块之间的关系、模块与模块的接口、每个模块的实现方法和步骤。

模块的设计是解决问题的关键。在模块设计阶段，可以利用模块交互图描述模块与模块的关系，如模块之间的调用关系、模块之间的接口设计等；可以利用算法流程图给出具体的处理过程等。

（四）系统实现

系统实现阶段的任务包括计算机等硬件设备的购置、安装和调试，应用程序的编制和调试，系统调试与转换等。例如，应用程序的编制要从系统级、模块级、程序类级、函数级多个层次讲解其构成关系，然后从实现层面或者运行角度给出软件系统的另外一种构成关系，包括功能组织与管理部分、数据管理部分、角色管理部分等，在此基础上，选择相应的计算机程序设计语言编写程序去实现其功能。

程序编写完毕，需要通过调试来确定其正确性。程序测试结束，还需要进行系统的整体测试，以便检测所有的需求功能是否都实现、可靠性如何。

（参考自《计算思维基础》，夏耘、黄小瑜，电子工业出版社，2012-08）

通过项目学习，给学生提供一个真实的情境——建立一个校园“跳蚤市场”物品售卖信息系统，让学生从真实、复杂的情境中进行需求分析（明确该系统要解决的问题和达成的目标）、系统分析（描述系统结构和行为）、系统设计（建立系统的具体做法）、系统实现（选择合适的工具进行实现）。在此过程中，需要学生熟练运用计算机科学领域的思想方法。例如，学生要运用系统思想，要考虑以下一系列问题：功能层面如何清晰地表述售卖管理；软件层面如何清晰地表述售卖管理软件；售卖管理软件的构件与结构框架；售卖管理软件的结构性、可靠性、安全性等。也就是说，学生要把想要获得的结果、实现该结果的过程、过程优化等一系列问题作为一个整体进行思考。学生还要运用模块化思想，在需求分析阶段，确定问题可能会遇到很多困难（例如，由于问题涉及的因素繁多，导致需求分析时交流不畅通、问题需求不明确等），此时要具备目标转化的思想，将大的问题“降维”，从而缩小目标，可将高维降为低维、将一般降为特殊、将抽象降为具体、将整体降为局部，从而简化数据关系；同时，要厘清各个部分的属性，明晰如何降维。系统设计阶段，采用“自顶向下，逐步求精”的模块化思想来解决复杂问题。同时，在系统实现阶段还包含面向过程、面向对象的编程思想，迭代优化思想等。

案例1.2-2是将系统化、模块化等多种学科思想方法迁移到同领域同类问题的解决中，这类迁移比较直观。还有一类迁移是将思想和方法迁移至跨领域相似问题的解决中，如案例1.2-3。当然，这类迁移可能需要更多的领域相关知识背景。

案例

案例1.2-3　分任务完成社会调查工作

要完成一项社会调查工作，一般可以把该项工作分解为以下四个任务。

- 确定调查的主题，并设计调查的方案。
- 按照主题和方案的需求采集相关数据。
- 整理与分析数据，揭示数据背后隐藏的事物本质。
- 撰写调查研究报告，总结调查过程，给出调查结论。

这样，将计算机领域中的“自顶向下、逐步求精”模块化思想迁移到调查工作领域，即通过“跨学科知识+计算思维”来完成跨领域的迁移应用。将一个较复杂的任务分解成若干个子任务，每个子任务都有明确的阶段性目标，从而有利于工作的顺利实施。如果分解后某些子任务仍然比较复杂，还可以进一步分解这些子任务，从而得到规模更小、更易于完成的子任务。

将问题分解成一个个容易处理的子问题，并逐一进行处理，最终整个问题得以解决，这是一种问题解决的思想与方法。同时，实施调查有很多方法可以选择。例如：可以采用纸质问卷，走上街头询问人们的想法；可以采用相应的信息系统，让系统在几秒之内分析数以万计的数据，坐在屏幕前面就能了解人们的想法。而采用信息系统实施调查，能够充分体现利用计算思维解决问题带来的优势。以往，人们往往采用人工的方式获取数据；现在，人们可以通过多种先进手段来获取，从而可以将更多的精力放在对数据的深入研究上。通过运用学科的思想与方法，能够提升问题解决的效率和效果。

要提升学生的计算思维，就需要学生具有解决不同情境中复杂问题的能力。这种能力的培养，在传统的教学中很难实现。而采用项目学习，教师可以借助不同的情境，将学科思想方法创造性地融合到教学各个要素和环节中，让学生通过活动、协同和反思进行探究和学习，从真实的情境中提炼问题，并进行方案的设计、实施和评价，运用学科思想方法去解释众多物体、事件和现象的关联，从而产生新的聚焦效应，获得基于学科视角的深层感悟与理解，领会学科的本质。

为此，在落实本模块“知道信息系统的组成与功能，描述信息系统常用终端设备的基本工作原理；知道信息系统与外部世界的连接方式，了解常见的传感与控制机制，以及接入方式、带宽等因素对信息系统的影响；理解软件在信息系统中的作用，借助软件工具与平台开发网络应用软件[1]”等学业要求的过程中，要通过问题解决和项目学习，引导学生能总结利用信息系统解决问题的思想与方法，并迁移到与之相关的其他问题解决中，不断发展计算思维。

第3节 数字化学习与创新在“信息系统与社会”中的落实

数字化学习与创新是指个体通过评估并选用常见的数字化资源与工具，有效地管理学习过程与学习资源，创造性地解决问题，从而完成学习任务，形成创新作品的能力。具备数字化学习与创新的学生，能够认识数字化学习环境的优势和局限性，适应数字化学习环境，养成数字化学习与创新的习惯；掌握数字化学习系统、学习资源与学习工具的操作技能，用于开展自主学习、协同工作、知识分享与创新创造，助力终身学习能力的提高[1]。

学习与创新是社会实践的重要内容，是人与生存环境的关系活动[3]。当今信息社会，现代信息技术特别是网络技术打破了传统的时空界限，取而代之的是一个全新的数字化生存环境，这就要求生活在其中的人们有必要掌握信息时代的技术工具，发展一种全新的数字化学习与创新的能力。这种能力包括：认识数字化学习的优势与局限性，主动适应数字化学习环境；充分利用数字化工具解决问题；积极开展数字化协作创新，创造性地完成任务，养成数字化创新的习惯。为此，在“信息系统与社会”模块中，通过学生的体验与实践，可以从以下几个方面去发展数字化学习与创新的能力。

一、主动适应数字化环境

信息技术的广泛应用，促成了数字化的学习环境，学生要主动适应，积极转变传统学习环境下的学习方式，养成利用数字化学习系统进行学习的习惯，形成数字化学习与创新的意识。例如，学生能够认识到数字化学习系统的优势和局限性，掌握数字化学习系统的操作方法，能有意识、自觉地养成数字化学习与创新的习惯。

案例

案例 1.3-1 利用网络平台，“停课不停学”

2020年1月29日，为阻断新型冠状病毒肺炎疫情向校园蔓延，确保师生生命安全和身体健康，教育部下发通知，要求2020年春季学期延期开学，学生在家不外出、不聚会、不举办和参加集中性活动。各培训机构也按要求取消各类线下课程。同时，教育部也提出，鼓励尽可能利用互联网和信息化教育资源为学生提供学习支持，统筹整合国家、有关地方和学校相关教学资源，提供丰富多样、可供选择、覆盖各地的优质网上教学资源，确保“停课不停学”。

（参考自《利用网络平台，“停课不停学”》，教育部，2020-01-29）

各学校积极响应教育部号召，充分运用一些即时交流工具、在线学习平台和空中课堂平台开展各种形式的在线教学活动。学生家里只要有网络和设备（计算机或手机等），不再受地理条件的限制，都可以进行学习（图1.3-1）。这种在线教学活动拓展了学生的学习时空，并且提供了新的学习方式。学生可以观看直播，师生交流，在线提问；课后还能随时点播重看，在线提问，在线提交作业，在线测评和反馈。教师也可以引导学生采用线上

图1.3-1　空中课堂的教与学

协同工具，如协同文档、表格、思维导图等，布置小组学习任务，让学生通过合作完成相关专题知识点的梳理。

在这种数字化学习环境下，学生要熟练运用各种数字化学习平台，主动适应数字化学习环境。教师要充分利用数字化平台构建数字化学习环境，积极开发课程资源，创设多样化的学习方式，把数字化技术的应用融合到信息技术课程中，引导学生对多种数字化学习平台的优势与局限性进行分析和思考，鼓励学生利用各种数字化手段创造性地解决实际学习需求，从而适应数字化学习环境，有效开展数字化学习活动。

二、充分利用数字化工具

在“互联网+教育”的新形势下，学生要能充分运用信息系统开展学习。要能根据解决问题的需要，通过恰当的方式收集各种类型的数字化学习资源，并对所收集的资源进行对比、判断、分类和组织，以将零乱、无序的数字化学习资源组织成具有一定主题的、有序的资源库，然后运用恰当的工具加工处理成满足需求的资源。

案例

案例 1.3-2　利用数字化实验室开展学习

在传统实验室中做实验，实验数据需要人工估读、手动记录、事后分析，过于繁杂的实验操作会占用很多课堂时间。

在数字化实验室做实验，则将信息技术手段与实验教学相整合（图1.3-2所示是一种数字化实验室），实现了实验信息采集、传递、呈现和处理的数字化，方便了实验数据的获取，在技术层面上基本解决了实验数据难获取的问题，能够完成新教材要求的数字化物理、化学、生物等各学科实验。

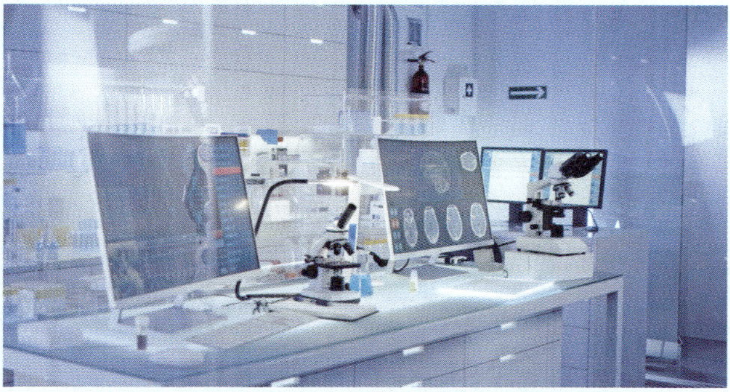

图 1.3-2　数字化实验室

以牛顿第三定律物理实验为例，传统实验方式是采用两个弹簧秤对拉，看刻度是否基本相等，而数字化探究实验采用两个力传感器对拉，通过两根USB线将传感器数据传入计算机，然后通过相关软件显示力的大小变化曲线，并且还可以通过软件进行曲线的拟合。数字化实验室是对传统实验室一个非常好的补充，在一些只能定性，无法定量测量的实验以及一些微小或瞬时数据的测量上，数字化实验室能发挥出很大的作用。

数字化实验设备采用“数据采集器＋计算机＋软件”的基本模式（图 1.3-3），通过传感器把被测量的自然量（如温度、湿度、电压、力、长度等）转换为电信号，再通过模拟/数字转换器（A/D 转换器）转换为可被计算机利用的数字信号，最后通过计算机实验软件进行计算和总结，形成实验结果文档。

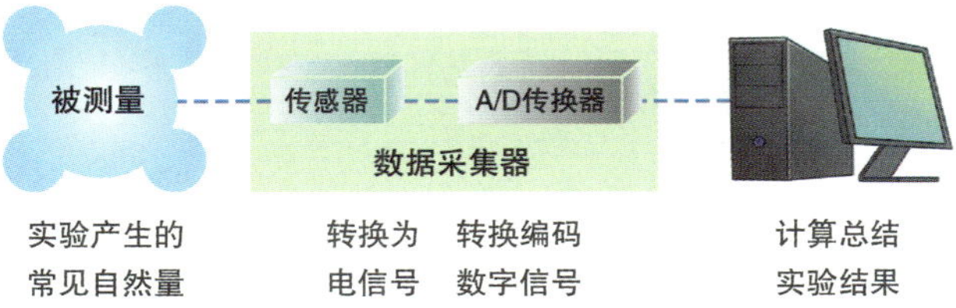

图 1.3-3　数字化实验设备处理信息的基本模式

（参考自“数字化实验室”，百度百科）

学生不仅要在信息技术学科中掌握用数字化工具加工处理资源的方法与技能，还要在其他学科的学习中提升利用数字化工具的能力，积极开展物理、化学、生物等其他学科的虚拟实验，进行体验和探究等，进一步养成数字化学习的习惯。如本案例中，学生在利用数字化实验室进行学习时，首先要充分了解数字化实验设备处理信息的基本模式，再根据需要评估、选择和利用合适的数字化工具、数字化资源与数字化学习平台，运用数字化学习策略管理学习过程与学习资源。在此过程中，学会运用数字化工具表达思想、建构知识，不断提升利用数字化工具的能力。

三、积极开展数字化协同创新

通过实践活动，如搭建信息系统、传感系统、物联系统、远程控制系统等进行创新应用，将数字化学习工具与数字化学习资源有效结合，使学生能积极开展自主学习、合作学习、知识分享与创新，并在此过程中，充分认识信息系统的构成与基本工作方式，养成创新的习惯，从而创造性地解决问题，实现知识的创新，不断提升创新整合的能力。

案例

案例 1.3-3　组建实验室小型计算机网络

学校实验室有若干台独立的计算机（笔记本计算机），为了便于同学们在一起共同讨论、交流心得、共享资源和利用互联网查阅资料等，王明所在的学习小组需要动手组建一个计算机网络，其拓扑图如图 1.3-4 所示。

图 1.3-4　某实验室计算机网络拓扑图

要完成本项工作任务，需要进行以下操作。

- 按照拓扑图连接各设备与计算机。
- 理解交换机和路由器的基本概念和功能。
- 正确配置相关参数，成功接入互联网。

在实施过程中，要进行小组分工合作，并在表 1.3-1 中记录遇到的问题及其解决方法等。

表1.3-1　遇到的问题及其解决方法记录表

序号	遇到的问题	解决方法	相关知识
1	网络不通		
2	网页不能正常访问		
……	……		

指向数字化协同创新的学习强调数字化任务的实践过程。本案例中创设了“组建实验室小型计算机网络”的数字化实践活动，让学生在自己与所学所做的事情之间建立关联。学生利用数字化学习工具与学习资源，在真实情境中去体验、理解与设计，教师可以协助学生建立新的认知、概念和创新。但是，形成的中间阶段和最终程度取决于学生的独立思考与实践。例如，在组建过程中，方案的设计、实施，甚至方案的再优化，都需要学生基于所学知识，或通过数字化学习工具查阅相关资料，在小组协同学习的基础上去完成。当遇到“网络不通”“网页不能正常访问”等问题时，需要思考与实践，不断尝试和总结解决问题的方法，理解和消化所学知识，从而创造性地解决问题。因此，真实的数字化实践活动，不仅能激发学生的好奇心和求知欲，还能促进学生恰当利用数字化工具和资源，在真实情境中开展设计、反思、创造、分享、交流等一系列学习活动，不断提升数字化协同创新的能力。

为此，在落实本模块“能构建简单的信息系统，积极利用各种信息系统促进学习与发展[1]”等学业要求的过程中，要引导学生主动适应数字化环境，充分利用数字化工具积极开展数字化协同创新，不断养成数字化学习与创新的习惯。

第4节　信息社会责任在“信息系统与社会”中的落实

信息社会责任是指信息社会中的个体在文化修养、道德规范和行为自律等方面应尽的责任。具备信息社会责任的学生，具有一定的信息安全意识，能够遵守信息法律法规，信守信息社会的道德与伦理准则，在现实空间和虚拟空间中遵守公共规范，既能有效维护信息活动中个人的合法权益，又能积极维护他人合法权益和公共信息安全；关注信息技术革命所带来的环境问题与人文问题；对于信息技术创新所产生的新观念和新事物，具有积极学习的态度、理性判断和负责行动的能力[1]。

信息社会中的数字公民，如何更加安全地获取和分享各种资源，如何在分享这些资源的同时保护自己的信息不被泄露，如何能对信息进行分辨利用……这就需要他们坚守道德底线，担当社会责任。因此，信息社会责任是高中学生发展社会化的普遍性要求，是个体参与社会生活所应必备的社会性品质。

与信息意识极为相似，信息社会责任感的形成与发展也是一个依托于内容，但又不能与内容一一映射的过程[3]。一个合格的信息社会成员必须知道应该遵守的法律法规，应该遵从的伦理道德等内容。在“信息系统与社会”模块中，要让学生通过对信息社会中具体案例的分析与研讨，形成正确的信息系统应用观，掌握基本的信息安全防范技能，养成良好的信息社会行为习惯，并依据信息社会伦理道德和法律法规自觉约束自己的行为。具体可从以下几个方面去落实信息社会责任。

一、明了信息社会责任

在信息社会中，人们在享有信息技术带来的充分便利时，也在文化修养、道德规范和行为自律等方面被赋予了多样的社会责任。因此，每个社会成员都需要明了其身上的信息社会责任，自觉遵守信息相关法律、尊重信息相关道德伦理，杜绝有意或无意利用信息或信息工具危害国家、社会和他人。

在信息技术环境下，由于信息技术中介的存在，特别是网络世界和虚拟世界的存在，使得道德准则的调节对象变得越发模糊，信息伦理呈现出多元性、复杂性、模糊性等特点。因此，在教学中要摒弃说教，要利用生活中的真实案例，引导学生多思考、多辨析，多角度思考问题，以史为鉴，用事实说话，从而达到潜移默化的目的。让学生能认识到人类在开展信息活动时，要受到信息法律法规的管理与约束，能自觉遵守信息法律法规、信息伦理道德规范；对现实社会身份与虚拟社会身份之间的关系有正确的认识，能合理使用虚拟社会身份开展信息活动；具有信息安全意识，尊重和保护自己及他人的隐私；在信息活动中，尊重不同的信息文化，积极主动融入信息社会中，成为信息社会合格的参与者。

案例

案例 1.4-1　微信公众号的运营者们，为你刷量的可能是罪犯！

2017年4月，江苏邳州警方破获一起非法控制计算机信息系统案，已确认至少有94万部手机成为“肉鸡”（“手机肉鸡”是被植入病毒或有安全漏洞的个人手机，这种手机被黑客控制后，会被任意攻击或窃取信息），11名犯罪嫌疑人通过“手机肉鸡”软件刷粉获利100余万元。

警方发现，被控制的手机只是微信无法正常使用，其他功能正常，与手机绑定的银行卡等财产并未受到损失。微信安全团队经分析发现，此款木马会终止微信进程，并修改相关文件，实现在手机用户不知情的情况下关注微信公众号，并阅读、点赞公众号发布的文章。也就是说，黑客开发这款木马的目的是利用受害人的手机为一些公众号增粉、点赞、刷阅读量，从而获取利益。

（参考自《江苏警方破获一起非法控制计算机信息系统案》，搜狐网，2017-10-12）

为微信公众号刷点击量是为了扩大其影响力。案例中也提到，与手机绑定的银行卡等财产并未受到损失，但根据《中华人民共和国刑法》第二百八十 五条“非法侵入计算机信息系统罪”的规定，此类行为已触犯法律，构成犯罪。学生通过对该真实案例的分析与思考，首先要意识到信息安全问题。案例中，手机成为“肉鸡”是由于被植入病毒所致，因此，学生在利用和分享信息时，要具备一定的信息安全意识与能力，保障信息空间、信息载体和信息资源等不受来自内外各种形式的危险、威胁、侵害和误导；其次，要认识到“非法进入网络系统或侵入他人系统都是违法行为”。遵守信息法律法规是信息社会对公民的基本要求，是每个公民应尽的责任和义务。在信息活动中，学生不仅应该积极遵守、维护信息法律法规，还应自觉抵制违反信息法律法规的行为，针对违法行为，应能够运用法律方式解决问题，从而明了自己身上的信息社会责任。

二、践行信息社会责任

信息社会责任具备信息技术教育和责任感培养双重属性。教师在教学过程中，不仅要处理好所传授的知识与技能，还要挖掘知识中蕴含的育人价值。将信息社会责任融入学科知识教学中，使学科知识与学生的现实生活之间产生关联，让学生悟懂、悟透学科知识背后的原理和道理，在明确学科知识应用场景的同时，树立合理运用技术方法主动解决社会问题的主人翁意识，更好地践行信息社会责任。

案例

案例1.4-2　一则12306网站公告

2014年12月25日，针对网络上疑似12306网站用户数据的泄露事件，

12306网站发布公告称“此泄露信息全部含有用户的明文密码。我网站数据库所有用户密码均为多次加密的非明文转换码，网上泄露的用户信息系经其他网站或渠道流出。目前，公安机关已经介入调查。”

（参考自《大量12306用户数据遭外泄 包含身份证号和密码》，人民网，2014-12-26）

本案例可以穿插在有关信息系统安全与防护内容的教学环节中，引导学生在学习数据安全与加密技术的同时，探讨信息安全意识和维护合法权益等问题。基于案例，学生需要思考和讨论“这些疑似12306用户数据可能被泄露的途径有哪些”“用户如何规避数据泄露风险”“何为明文密码”“非明文密码对数据安全起到怎样的作用”等问题。

通过交流和分析，让学生了解用户数据泄露的可能途径、规避数据泄露的方法、明文密码的概念以及非明文密码的作用等相关知识。同时，让学生意识到数据安全问题就在我们身边，会给我们造成不可挽回的严重损失；为避免安全隐患，可采用修改密码、避免多个网站使用同一密码、尽可能使用官方网站等措施，有效维护个人和他人的合法权益；为保护数据安全，在数据传输或保存时避免采用明文密码，而采用一定的方式进行加密。例如，用户在某网站注册时，将密码设为“hello world”，密文密码在后台存储时可能会显示为“khoor zruog”，明文密码则是“hello world”。可见，存有大量明文密码的数据库一旦被黑客侵入，就极易造成大范围的信息泄露事件。而密文密码的数据库，黑客要将密文密码解读成明文密码，则需要了解它的解码规则。因此，增强密文口令，密文密码被攻破的可能性就会大大降低。学生掌握一定的加密技术，可以积极有效地维护公共信息安全。

要选择合理的情境与案例，将信息社会责任融入学科知识教学中，让学生在掌握知识的同时，深刻理解信息社会责任的内涵。同时，在学科知识学习过程中，对于信息技术创新所产生的新观念和新事物，要引导学生始终保持探索、创新的态度，对已有的信息技术、信息理念持有“只有最适合，没有最好”的信息观。引导他们不断提升信息敏感度。学生信息敏感程度越高，捕捉新事物的能力也就越强，对新信息就抱有更大的兴趣和探索的动机，其信息社会责任感就会不断得到增强。

为此，在落实本模块“在日常生活与学习中，合理使用信息系统，负责任地发布、使用与传播信息，自觉遵守信息社会中的道德准则和法律法规”和“认识到信息系统应用过程中存在的风险，熟悉信息系统安全防范的常用技术方法，养成规范的信息系统操作习惯，树立信息安全意识[1]”等内容要求的过程中，利用真实案例，让学生明了信息社会责任；能结合信息技术学科知识的教学，融入信息社会责任；能深刻理解人与技术、人与信息社会的关系，具备信息时代合格公民的社会责任。

第 2 章
“信息系统与社会”中的核心概念

重视以学科大概念为核心，使课程内容结构化，以主题为引领，使课程内容情境化，促进学科核心素养的落实[3]。新课标提出了基于大概念的主题单元学习的新理念、新策略，它改变了以往“知识点灌输式”教学，逐步面向学科核心素养培养，注重学生价值观念、必备品格和关键能力的养成。针对某个模块，我们可以基于学科大概念梳理出若干个学科核心概念，这样更有利于主题单元学习的开展。

第1节 “信息系统与社会”中核心概念的诠释

“信息系统与社会”模块主要以“信息系统”和“信息社会”两个学科大概念为核心来组织课程内容。围绕这些大概念梳理出的学科核心概念有信息、信息技术、信息社会、系统、信息系统、人机交互、物联网、移动终端、协议、云计算、信息安全、信息法律、信息伦理等。

一、信息

信息是加工处理后的数据，是对客观事物的解释[9]。数据的表现形式可以是数字、文字、图像、符号等，它是信息的载体。例如，单独的数字“28”没有明确的意义，但该数字放在某个语境中或在某个真实场景中使用，就有了明确的意义，就是信息。出现在教师点名时，“28”可以表示“学号为28的学生”；出现在公交车站牌上，“28”可以表示“28路公交车”；出现在日历中，“28”就是“某月的第28天”。信息是数据经过解释或处理后所产生的意义，是数据的语义解释，通常是在某一特定情境脉络下的具体呈现。数据的表现形式有多种，但信息不会随数据不同的表现形式而改变。例如，某月的第28天就是一个信息，但它不会因为这个信息的描述形式是数字、语言或文字而改变。

信息具有载体依附性、时效性、共享性、可加工处理性、真伪性和价值性等特征，这些特征决定了信息成为一种重要的社会资源。信息资源和土地、森林、矿产、原材料、能源等物质资源一样，是人类极其宝贵的财富，是推动人类社会发展的重要源泉。信息的影响常常巨大，一条有价值的商业信息可以帮助商人获得巨额利润，一条准确的气象预报可以使人民的生命财产免遭重大损失。人类能够通过认识和开发信息资源，并把它转化为知识，因而可以制造出更多的信息化、自动化和智能化的生产工具。信息系统实质就是实现信息处理和管理的工具。例如，医院的网上预约挂号系统，实现了医院、医生、患者、医药费等相关的信息交流和处理，让信息资源在医院、医生和患者之间进行有效配置。

二、信息技术

一般来说，信息技术（information technology，IT）是指以微电子技术为基础，以计算机技术、通信技术和控制技术三者的综合体为核心的技术群体。从广义的角度来说，信息技术是一类用来扩展人的信息器官功能的技术的总称，包括各种用于创建、存储、交换、处理和使用信息的技术。其中最重要的包括感测技术、通信技术、计算机技术、控制技术以及它们的综合技术[10]。

信息技术作为当今先进生产力的代表，已经成为我国经济发展的重要支柱和网络强国的战略支撑。信息技术涵盖了获取、表示、传输、存储和加工信息在内的各种技术。自电子计算机问世以来，信息技术沿着以计算机为核心、到以互联网为核心、再到以数据为核心的发展脉络，深刻影响着社会的经济结构和生产方式，加快了全球范围内的知识更新和技术创新，推动了社会信息化、智能化的建设与发展，催生出现实空间与虚拟空间并存的信息社会，并逐步构建出智慧社会。信息技术的快速发展，重塑了人们沟通交流的时间观念和空间观念，不断改变人们的思维与交往模式，深刻影响人们的生活、工作与学习，已经超越单纯的技术工具价值，为当代社会注入了新的思想与文化内涵[1]。

信息技术是信息系统的技术特征，也是信息系统的重要资源之一。一个系统之所以为信息系统，一个至关重要的原因就是它运用了信息技术，即利用信息技术开发信息系统。

三、信息社会

信息社会是指通过创造、分配、使用、整合和处理信息进行社会经济、政治和文化活动的社会形态[1]。信息社会以电子信息技术为基础，人们往往通过创新和高效使用信息技术手段，获得较高的个人或组织生存与发展优势。信息社会以信息资源为基本发展资源，通过大规模智能化信息网络为表征的数字化工具的广泛应用，提高社会生产力和发展社会生产关系。信息社会以数字化和网络化为基本社会交往方式，促进了社会文化和社会观念的深刻变革。因此，生存于信息社会中，要能正确理解人、信息技术和信息社会的关系，可持续地提升获取信息的能力，才能成为信息社会的合格公民。

信息社会的特征可以从信息经济、网络社会、在线政府和数字生活四个维度来阐述[3]。信息经济是一种以信息与知识的生产、分配、拥有和使用为主要特征、以创新为主要驱动力的新型经济形态[11]，它是信息社会最基本的经济形态。网络社会表现的两个方面分别为信息服务的可获得性和社会发展的全面性。在线政府是充分利用现代信息技术，实现社会管理和公共服务的新型治理模式[11]。数字生活主要表现在人们的生活方式与生活理念发生深刻变化，信息技术广泛应用于人们的日常生活，生活工具、生活方式、生活内容都呈现数字化特征。

信息社会是高中信息技术课程的四个学科大概念之一。在教学过程中，要引导学生清晰围绕该学科大概念建构的课程内容体系展开本模块的学习。信息社会“以信息活动为基础”，这里的信息活动包括获取、加工处理、分配和使用信息的所有活动。在信息社会中，从工具上看，人们使用最多的是信息工具，尤其是以电子信息技术为基础的信息处理工具，如计算机；从方式上看，主要是信息处理方式，尤其是数字化、网络化的信息处理方式，如信息系统；从内容上看，主要处理的是信息，信息已成为重要的生产力要素，和物质、能量一起构成社会赖以生存的三大资源[12]。可见，信息社会与信息、信息技术、信息系统等概念有着紧密的联系。

案例

案例 2.1-1　信息技术改变村民的生活方式

轰轰烈烈的脱贫攻坚战在全国各地打响以来，信息化扶贫日益成为脱贫攻坚的重要抓手。各地充分发挥互联网在精准扶贫工作中的重要作用，加快互联网网络建设，解决了信息进村入户“最后一公里”问题，让贫困户搭上了“互联网+”的信息快车。

例如，河北省椴木梁村由于自然条件差、基础设施薄弱、公共服务低，对于面朝黄土背朝天的农民们来说，“靠天吃饭”曾是他们生活的唯一指望，“日出而作、日落而息”是他们永恒不变的生活方式。从2016年开始，政府积极响应脱贫攻坚工作号召，来到椴木梁村，为村民们建起了4G①基站，拉起了宽带，用信号点亮了村落，用网线串联起了村民与外界交流的通道。椴木梁村不再只看见自己的一片天，而是通过信号了解到了外面更广阔的世界。

现在，村委会所在地、村卫生室、村民家里几乎都有了宽带网络，手机信号更是实现了处处通。在家里、在农田，手机信号都是满格，在哪里都能用手机上网。4G信号的全覆盖，悄然改变着村民的生活习惯。如今的椴木梁村，再也不是以前闭塞的小村落，现在每家人至少都有一部智能手机，家里的网络电视也开通了。

---

① 4G：一般指第四代的移动信息系统，类似的还有2G、3G、5G，G是generation的英文缩写。

畅通的信息、网络，改变了村民的销售方式。以前家里收成好时，却苦于没有销售渠道，现如今不用出家门就可以把自家特色产品卖出去，村民们感受到了互联网带来的便捷（图2.1-1）。

图2.1-1　村民利用互联网销售示意图

以前通信信号都不稳定的山窝窝，如今插上信息化的翅膀，连通了外面广阔的世界，“互联网+”正改变着椴木梁村这个古老村庄。

（参考自《沽源县网络改变生活 信息创造财富》，河北省人民政府网站，2017-07-14）

案例中，村民利用网络技术（4G、宽带等）和计算机技术（智能手机）等信息技术，改变了以往获取、存储、处理、传输与使用信息的方式，让信息更畅通，从而与外面的世界紧密联系，增进了与信息社会的互动。本案例可以帮助学生提炼信息、信息技术与信息社会等核心概念，并能让学生深刻理解这些概念之间的关系。

四、系统

系统可以被定义为一组相互关联或相互作用的元素所组成的统一的整体[3]。例如，地球上的人、动植物以及自然环境就共同组成了自然系统，在这个系统中，人类和自然界以及其他生物是相互依存、互相关联的。又如，人体的循环系统、运动系统，计算机的网络系统、文件管理系统等。

从系统的主要组成部分来看，系统是一组为了实现共同目标而一起工作的相互关联的部分，它们接受输入并经过有组织的转换过程后产生输出。例如：一个生产系统是以购入原材料作为输入，以生产出的成品作为输出；一个信息系统将信息源的数据作为输入，对它们进行处理后产生的信息作为输出；一个商业组织是将经济资源经过各种经营处理转化为产品和服务的系统。

系统具备整体性、相关性、目的性和环境适应性等特性。

五、信息系统

信息系统是高中信息技术课程的四个学科大概念之一。信息系统是存储、加工、呈现信息的系统。信息技术的发展与普及使基于计算机和网络的信息系统广泛应用于社会各个领域。从组织结构的视角来看，信息系统是一个由人、软件、硬件、网络和数据资源等构成的人机系统[3]。从功能应用的视角来看，信息系统具备信息输入、处理、控制、存储、传输和输出等功能，可以更好地收集、存储和管理数据，以提供有用、准确和及时的信息。

从信息系统的定义可以看出，它是一个系统，具备系统的所有特性（整体性、相关性、目的性和环境适应性）。其建立在信息技术基础之上，实现对信息的交流和处理。随着信息社会的发展，它已渗透到社会的各个领域，成为信息社会的重要组成部分，在信息社会中发挥着越来越重要的作用。在教学过程中，要引导学生从技术、组织和管理的角度讨论信息系统的分类、组成与功能，进一步讨论信息系统发展趋势及面临的挑战等。同时，要引导学生深刻理解信息系统与信息、信息技术、信息社会等概念之间的联系。

案例

案例 2.1-2 智能配送与监控信息系统

城市化进程的加快和交通拥挤问题的加剧，对城市配送提出了更高的要求。为更好地解决城市末端配送物流设施和配送运力不足等问题，积极推广城市物流配送智能与监控信息系统的应用显得尤为重要。

智能配送与监控信息系统是以空间信息技术、大数据、电子商务等技术为支撑，由数据层、应用支撑平台、业务层、网络接入层、用户等组成，其总体架构如图2.1-2所示。通过智能调度和实时监控配送状况，优化物流过程，实现物流的自动化、可视化、可控化、智能化与网络化，从而提高资源利用率和生产力水平。

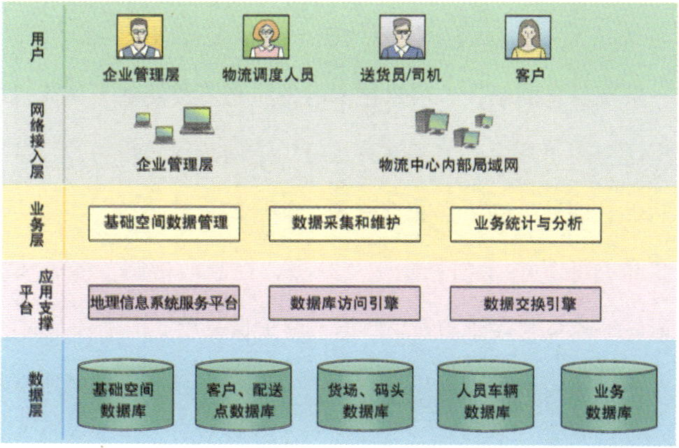

图2.1-2 系统总体架构图

系统的主要功能包括订单管理、线路规划、系统维护、配送进度监控、智能调度等。其管理功能如图2.1-3所示。

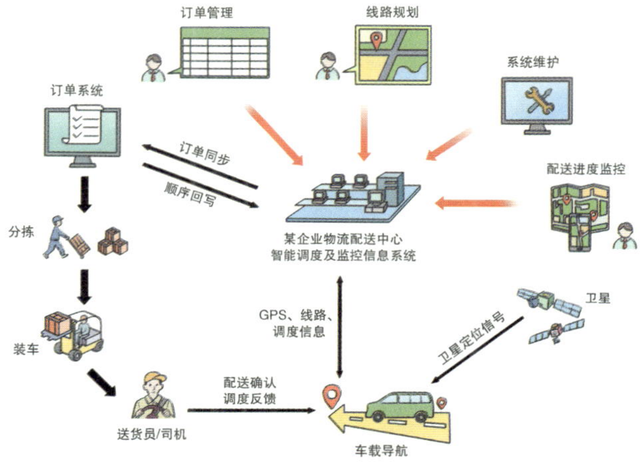

图 2.1-3　利用智能配送与监控信息系统进行管理的功能示意图

（参考自《奥格智能配送平台》，广州奥格智能科技公司网站）

智能配送与监控信息系统由人（企业管理人员、物流调度人员、送货员/司机、客户等）、硬件（计算机硬件、移动终端硬件和通信网络设备等）、软件（操作系统、管理软件等）、网络（公众服务外网、物流中心内部局域网等）、数据（基础空间数据、人员车辆数据、业务数据等）组成，利用计算机技术、通信技术和控制技术等信息技术，实现了信息的存储、加工、传输和呈现等，解决了“城市末端配送物流设施和配送运力不足”等问题，更好地促进信息社会的发展。该案例需要围绕信息、信息技术、信息系统和信息社会等概念展开分析。

六、人机交互

信息系统是一个人机交互系统，人机交互实现了信息的交流与控制。因此，在学习信息系统的过程中，要深刻理解人机交互的概念及其发展。

人机交互是指人与计算机之间使用某种语言，以一定的交互方式，完成确定任务的人与计算机之间的信息交换过程[13]。计算机通过输出设备（如显示器、扬声器等），给人提供有关提示或请示信息，人通过输入设备（如键盘、鼠标等），根据提示或请示内容输入有关信息。

在从人逐渐适应计算机再到计算机不断适应人的互动过程中，人机交互的方式得到了不断的发展，不再局限于键盘、手柄输入，显示器、扬声器输出，而出现了多种方式，如头部的微小动作、手指的多种操作、声波的振动，都可以实现信息表示，完成人与计算机之间的“对话”，达到人脑与“电脑”的交互。

案例

案例 2.1-3 “小度在家”沉浸式交互

“小度小度，今天天气怎样？”

“多云转晴，气温4到17度。”

以上是用户与“小度在家”智能音箱之间的一次对话。“小度在家”智能音箱利用智能语音交互技术，可以与用户“对答如流”，能实现与人类更自然的持续性交互，改进了以往“你问一句他答一句”的模式。例如，小度对用户提问“今天是几月几号”进行解答后，还会推荐最近的热词新闻，并对热词中涉及的“新版百度地图”百科知识进行介绍，以便用户更好地理解新闻内容。

智能语音交互技术已经应用于智能家居、车载、可穿戴等多种场景中，对应的绝大部分产品都拥有自己的名字，用户需要通过这个名字来“唤醒”产品，然后就可以与产品进行交互。例如，用户与“小度在家”有关天气情况的交互节点如图2.1-4所示。当用户输入唤醒词“小度小度”，小度即刻被唤醒并响应，等待用户的提问；接收到用户“今天天气怎样”的提问后，理解内容并“查看”天气预报，并把“多云转晴，气温4~17度”的信息反馈给用户。这样，就实现了人与音箱间的交互。

图2.1-4 “小度在家”语音交互节点

（参考自《小度在家沉浸式交互》，搜狐网，2018-11-03）

人机交互，本质是人的信息输入和机器的输出反馈形成的互动循环[14]。无论是PC①时代，还是移动时代，人机交互体验效果的改善主要推动力都是技术的升级和整合。例如，应用于3D②试衣、浸入式游戏等的动作识别技术，应用于医疗仿真、虚拟驾驶以及遥控机器人等的触觉交互技术，应用于智能手机的语音拨号、语音检索等场合的语音识别技术，应用于广告、网站、产品目录、杂志效用测试的眼动跟踪技术等。在这些人机交互解决技术方案中，各种创新技术的应用，让人和机器交互的输入与反馈循环变得通道更多、形式更丰富，为信息系统的信息的交流与控制提供了多种可能。

① PC：个人计算机，personal computer的英文缩写。

② 3D：三维，D是dimension的英文缩写。

七、物联网

物联网（the internet of things，IOT）是物物相连的互联网，具体来说，是指通过各种传感器、射频识别（radio frequency identification，RFID）技术、全球定位系统、红外感应器、激光扫描器等装置与技术，实时采集需要监控、连接、互动的物体或过程，采集其声、光、热、电、力、化学、生物、位置等各种信息，与互联网结合形成的一个巨大网络[15]。通过各类可能的网络接入，按约定的协议，把物品与网络相连，进行信息交换和通信，实现对物品和过程的智能化感知、识别和管理。

物联网将现实世界数字化，应用广泛。其应用领域主要包括运输和物流、工业制造、健康医疗、智能环境（家庭、办公、工厂）等领域，具有十分广阔的市场和应用前景。图2.1-5所示是一个智能家居系统示意图。智能家居系统往往可实现门锁、空调、灯、油烟机、冰箱、洗衣机、电视机、汽车等物品的互联。

图2.1-5　智能家居系统示意图

物联网可以借助智能信息对各项数据进行监测，实时获取各种数据进行分析，从而提高工作效率和管理水平。物联网的发展将有利于推动人、社会与自然的协调、和谐发展，将计算机与信息技术拓展到整个人类社会生活与生存环境之中，将人类的物理世界与网络虚拟世界相融合。

案例

案例 2.1-4　利用射频识别技术的车辆与货物智能监管系统

射频识别技术又称无线射频识别，是一种通信技术，可通过射频电信号识别特定目标并读写相关数据，而无须识别系统与特定目标之间是否建立机械或光学接触。利用射频识别车辆智能监管系统应用流程示意图如图2.1-6所示。

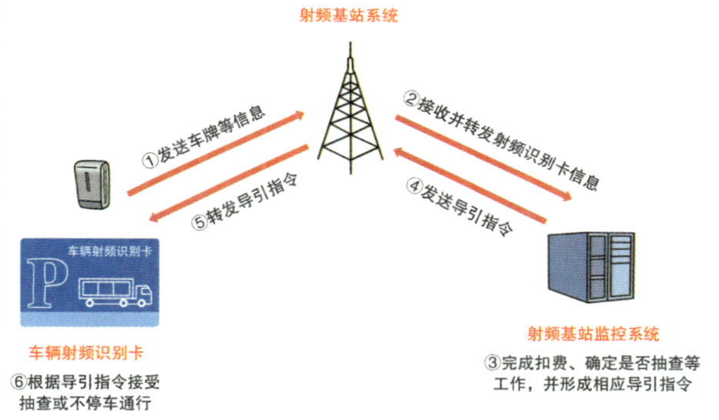

图2.1-6　射频识别车辆智能监管系统应用流程示意图

目前，在仓库、港口、进出口货车检查场、油库等重要区域的车辆与货物监管方面存在诸多问题。传统方式采用手工登记，记录信息量有限，不能实时进行监控，工作效率低，容易出现记录信息不准确、货物丢失等情况，而且不能实时监控和刷新相关信息。建立射频识别车辆智能监管系统，可实现自动识别、核查车辆信息、自动记录采集信息，大大减少人员工作量，提高工作效率，并极大地降低人为操作所带来的失误，同时还能加强对重要与敏感货物的有效监管、提高车辆进出速度、实现货物无纸化监管等。其原理是：每辆车安装射频识别卡，将车辆运载的货物与车辆建立对应关系；当车辆经过射频基站系统的识别区时，射频识别卡发送车牌等信息给射频基站系统；射频基站系统接收射频识别卡的相关信息，并转发给射频基站监控系统；射频基站监控系统对信息进行分析和判断，完成扣费、确定是否抽查等工作，并将相应的车辆导引指令经射频基站系统下达给射频识别卡，从而对车辆进行快速路径引导，实现对车辆与货物的智能监管，达到减负、增效的目的。

（参考自《射频识别车辆与货物智能监管系统》，RFID世界网，2015-04-02）

实现物联网的技术有很多，但是目前来看，射频识别技术相当重要而且很关键。从信息采集的角度来看，射频识别技术属于传感技术，利用该技术可以将采集到的外部世界的各种信息输入信息系统中。

物联网提供“无处不在的连接和在线服务[16]”，其用户端延伸和扩展到了任何物品与物品之间，实现信息的交换和通信，极大地增强了信息系统的功能。

八、移动终端

移动终端或者叫移动通信终端，是指可以在移动中使用的计算机设备。广义地讲，移动终端包括手机、笔记本计算机、平板计算机、POS①机、可穿戴设备等。现实生活中，人们利用手机网上购票时，对购票系统而言，手机就是该系统的移动终端。如今的移动终端不仅可以用来通话、拍照、听音乐、玩游戏，还可以用来定位、信息处理、指纹扫描、身份证扫描、条码扫描、RFID扫描、IC②卡扫描以及酒精含量检测等，功能非常丰富，已成为移动执法、移动办公和移动商务的重要工具。移动终端已经深深地融入我们的经济和社会生活中，为提高人民的生活水平、提高工作效率、减少资源消耗和环境污染以及应急处理突发事件增添了新的手段。

随着网络技术和集成电子技术的飞速发展，移动终端已经具备较强的计

① POS：销售点，是point of sales的英文缩写。

② IC：集成电路，是integrated circuit的英文缩写。

算、存储和处理能力，变成了一个综合信息处理平台，是信息系统与环境进行信息交互的重要枢纽，也是实现移动互联的前提和基础。

案例

案例 2.1-5　医院移动护理信息系统

随着医疗水平的提高、业务量的增加以及信息化在医疗应用的逐步深化，传统的利用有线网络和终端的医院信息系统，已无法充分满足现代医疗对信息处理及时性、客观性、移动性等要求。

基于无线网络和各种移动终端（手机、平板计算机、移动查房车等）的移动护理信息系统，能够满足临床护理对于信息的需求。例如：可以通过扫描病人的腕带，确认病人的身份和基本信息，保证给药对象的正确性；应用移动终端实现数据的一次性采集、电子表格自动生成等操作，从而避免因多次转抄引发的低效率和错误，有效预防和减少临床的差错；通过移动终端，医护人员之间可以不受时间地点的限制传递必要的信息，实现临床实时信息在医护人员之间的共享等（图2.1-7）。

图 2.1-7　医院移动智能护理信息系统应用场景

（参考自《临床移动护理信息系统》，成都军区总医院建设方案，2013-03-22）

以上案例中，医院移动护理信息系统采用手机、平板计算机、移动查房车等移动终端，采集、传递必要的信息，实现临床实时信息的共享，满足临床护理对于信息的需求，极大地增强了信息系统交流与处理信息的能力。

九、协议

人们通过各种终端设备访问信息系统时，只要遵循一定的规则和标准，即使用不同的设备，也可以在信息系统中获得相同的信息。在计算机领域，这种大家共同遵守的规则、标准或约定被称作协议。协议主要用来实现多方的通信、共享与协同，如果没有协议的支持，这种通信、共享与协同几乎不能实现。如同人与人之间交谈需要使用双方都能理解的语言一样，若不能理解对方语言，那么在交流时，彼此之间没有办法理解和沟通。

协议给出了统一的一些接口、一组数据调用或者数据组织方式的约定。大家达成一致后，都遵守这个协议约定开发自己的产品（该产品可以供他人遵从协议约定来享用），或遵守这个协议约定享用他人（按照此协议建立起来）的成果，从而实现了彼此兼容、共享与协同。

协议可以分很多种，网络协议就是其中的一种。网络协议是网络上所有设备（网络服务器、计算机及交换机、路由器、防火墙等）之间进行通信所必需遵从的规则的集合，它规定了通信时信息必须采用的格式和这些格式的意义[17]。因此，网络协议是构成计算机网络的要素之一。

案例

案例 2.1-6　智能农业大棚的协议设计

智能农业大棚采用无线方式对温室大棚内的环境因子进行多点多参数的采集，根据所采集的数据，有效控制大棚内作物生长过程中所需的水分、通风条件以及温度等，高效利用各种资源以求得到最大的产出。智能农业大棚示意图如图2.1-8所示。

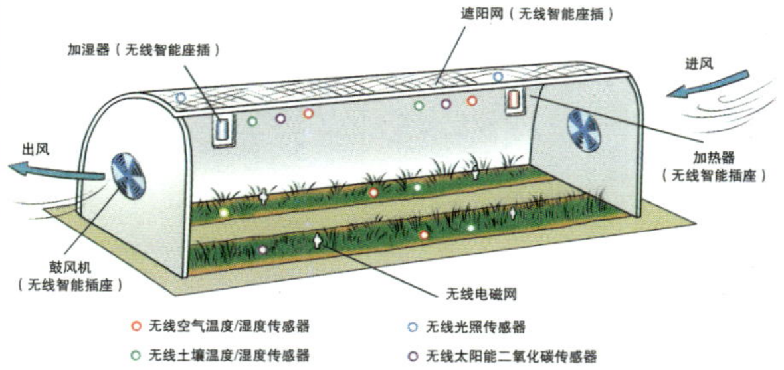

图2.1-8　智能农业大棚示意图

图2.1-9所示的智能农业大棚系统由ZigBee网关（能实现系统信息的采集、信息输入、信息输出、集中控制、远程控制、联动控制等功能）、移动终端、云存储、传感器节点和控制节点等要素构成。

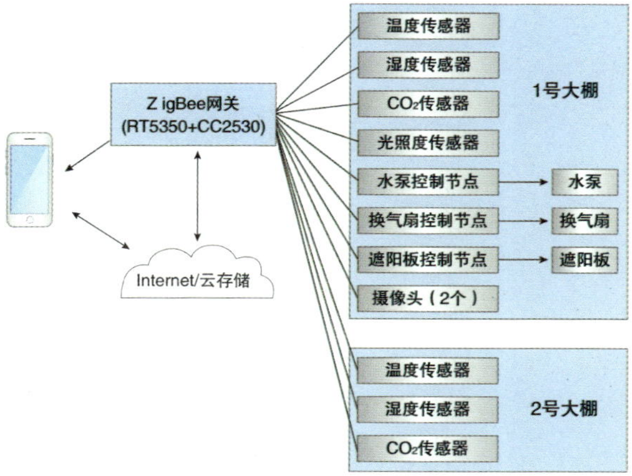

图2.1-9　智能农业大棚系统的构成

智能农业大棚系统中的通信发生在ZigBee网关和移动端、ZigBee网关和云端，以及ZigBee网关与各个ZigBee传感器节点或设备控制节点之间。需要规定这些通信的协议或消息格式，才能保证整个系统有条不紊地工作。例如，各传感器节点和控制节点向ZigBee网关提交数据的消息格式设计。针对每个大棚或监控区，都有一套相同的环境参数传感器节点和控制节点。4个传感器节点包括空气温湿度传感器、土壤湿度传感器、二氧化碳传感器、光照度传感器。1个控制节点控制水泵、换气扇和遮阳板。传感器节点将相应的环境参数传给ZigBee网关，控制节点将相应执行设备的状态传给ZigBee网关。4个传感器节点和1个控制节点向ZigBee网关提交数据由终端编号、大棚编号、数据、校验码四部分组成，每一部分内容及所占的字节数如表2.1-1所示[18]。

表2.1-1 各节点所提交数据每部分的内容及所占字节数

节点名称	终端编号	大棚编号	数据	校验码
空气温湿度节点	"D1"（2 bytes）	两位数字（2 bytes）	温度值（2 bytes） 湿度值（2 bytes）	1个字符（1 byte）
土壤湿度节点	"D2"（2 bytes）	两位数字（2 bytes）	湿度值（2 bytes）	1个字符（1 byte）
二氧化碳浓度节点	"D3"（2 bytes）	两位数字（2 bytes）	二氧化碳浓度值（3 bytes）	1个字符（1 byte）
光照强度节点	"D4"（2 bytes）	两位数字（2 bytes）	光照强度值（4 bytes）	1个字符（1 byte）
控制节点	"D5"（2 bytes）	两位数字（2 bytes）	设备状态标志（3 bytes）	1个字符（1 byte）

终端编号用于识别节点的作用，如"D4"用于收集光照强度。大棚编号为01~99。数据字段为各环境参数的值，其中空气温湿度4字节、土壤湿度2字节、CO_2浓度3字节、光照强度4字节，都用字符表示（包括最低值和最高值）。例如，"D4012310q"表示1号大棚光照强度为2310 lux（勒克司，照度单位），其中"q"为"D4012310"每个字符作异或操作得出来的校验码。有了类似统一的消息

格式，各传感器节点和控制节点与ZigBee网关之间就可以进行有效通信。

（参考自《基于ZigBee的智能大棚系统设计》，饶章宇，计算机时代，2019-08-07）

ZigBee作为短距离、低功耗的无线通信协议，最大的优势就是可以自动组成一个设备网络，将各个设备直接的数据传输联动起来。但在这个自组网络中需要一个中心节点来管理整个ZigBee网络，这也就意味着在ZigBee设备网络中必须要有一个类似于“路由器”的组件（即网关），将各个设备连接到一起，实现ZigBee设备之间的联动效应。

物联网协议可分为两大类：传输协议和通信协议。传输协议一般负责子网内设备间的组网及通信，常见的有ZigBee、蓝牙以及Wi-Fi协议等；通信协议主要是运行在传统互联网TCP/IP[①]协议之上的设备通信协议，负责设备通过互联网进行数据交换及通信，常见的通信协议有HTTP[②]、WebSocket[③]协议、XMPP[④]、CoAP[⑤]、MQTT[⑥]协议等。

十、云计算

互联网、移动网络、物联网等每天都产生大量数据，这些数据规模巨大、格式多样、种类繁杂，也被称为“大数据”。在对此类数据进行采集或处理时，利用传统的手段已经很难满足人们的需求。要充分挖掘蕴含在这些数据中的价值则需要利用云计算作为技术支撑。

① TCP/IP：传输控制协议/网际协议，transmission control protocol/Internet protocol的英文缩写。
② HTTP：超文本传输协议，hyper text transfer protocol的英文缩写。
③ WebSocket：是一种在单个传输控制协议连接上进行全双工通信的协议。
④ XMPP：可扩展通信和表示协议，extensible messaging and presence protocol的英文缩写。
⑤ CoAP：受限应用协议，constrained application protocol的英文缩写。
⑥ MQTT：消息队列遥测传输，message queuing telemetry transport的英文缩写。

云计算是IT基础设施的交付和使用模式，指的是通过网络以按需、易扩展的方式获得所需的资源（硬件、平台、软件）[19]。提供资源的网络被称为“云”，使用者可以随时获取“云”中的资源，就像使用水电一样，按需使用，随时扩展，按照自家的用量付费给相关部门即可。其基本原理是：云服务商将分布在不同位置的硬件、软件等计算资源通过网络集中起来，形成一个计算资源池；在任何能够连接网络的位置，用户通过个人计算机、智能手机等终端装置上的浏览器登录云服务系统，就可以根据需求从基础设施中获得高质量的计算、存储、数据、平台和应用等服务[20]；云服务系统根据用户的指令，将调动起来的硬件、软件等计算资源组成虚拟主机供用户使用，就如同本地的计算机一样；在用户不需要使用时，系统迅速地将计算资源释放出去，再供其他用户使用；用户按照使用量支付费用。本质上讲，云服务商提供给用户的不是传统的计算机、软件等产品，而是计算服务。

目前，云计算包含三个层次的服务：基础设施即服务（infrastructure as a service，IaaS）、平台即服务（platform-as-a-service，PaaS）、软件即服务（software-as-a-service，SaaS）。

案例

案例 2.1-7　手机上“追台风”

对我国沿海城市来说，夏天属于台风多发的季节，想要预防台风带来的危害，首先需要了解台风的路径。

2012年，浙江省水利厅推出了基于阿里云的台风实时路径发布系统，通过云计算的弹性应对峰谷访问量的巨大差，实现了让数百万百姓在手机上“追台风”的功能。利用这个系统，可以实时查看驶向中国境内的台风路径，还有台风的相关信息，包括中心位置、风速风力、未来趋势等，从而帮助人们更好地了解台风，提前做好预防措施。图2.1-10为2018年“山竹”台风的路径查询图。

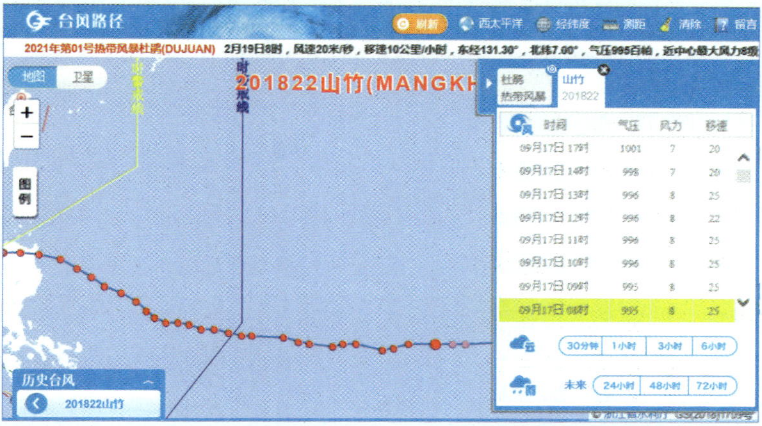

图2.1-10　2018年“山竹”台风的路径查询图

（参考自《浙江：台风路径实时发布系统上线》，中国气象局网站，2015-08-07）

该案例中，用户利用手机了解台风的情况，一般会实时查看台风路径，而且查看的时间段可能会相对集中。数百万用户的并发式访问，对网络、服务器等资源的需求量是巨大的，也呈现出峰谷访问量的巨大差异。而利用云计算“超强的计算能力、按需服务”的优势，就能很好地保证用户在手机上按需调用资源。

信息社会，人们对信息的存储和处理都提出了更高、更多样的要求，传统的信息系统难以应对爆炸式增长的数据，而云计算“超大规模、虚拟化、高可靠性、通用性、高可扩展性、按需服务”等优点则能够有效地优化信息系统。

十一、信息安全

信息技术的应用可以帮助人们提高工作效率和生活质量，但也带来了许多信息安全隐患。例如，在使用信息系统时，可能会遭遇自然灾害、软硬件漏洞、恶意攻击、人为失误等不确定因素所带来的各种安全事件。信息安全是为数据处理系统建立和采取的技术和管理的安全保护，保护计算机硬件、软件和数据不因偶然和恶意的原因而遭到破坏、更改和泄露[21]，其涉及信息的保密性、可用性、完整性和可控性。保密性就是保证信息不泄露给未经授权的人；可用性就是保证信息以及信息系统确实为授权使用者所用；完整性就是抵抗对手的主动攻击，防止信息被篡改；可控性就是对信息以及信息系统实施安全监控。

信息安全范围很大，包括如何防范商业或企业机密泄露、防范青少年对不良信息的浏览、防范个人信息泄露等[22]。信息社会成员几乎无时无刻不在与网络打交道，当进行交易和注册登记时，个人要提供诸如信用卡信息、身份证号码、电话号码、地址等相对私有、不宜公开获取的信息。获取数据的企业或者公共机构如果在存储中发生过失、使用中产生不当、发布中存在差错，都可能使这些信息泄露，从而侵犯个人隐私。

案例

案例 2.1-8　支付宝获“个人信息安全管理体系”认证

2019年，我国首次对企业的“个人信息安全管理体系认证”结果作了公布，参与评测的对象包括阿里、腾讯、京东、百度、美团、滴滴等十余家与人们生活息息相关的企业，支付宝成为首家获得此项认证的企业（图2.1-11是支付宝的一个应用场景）。此次认证由中国网络安全审查技术与认证中心组织完成，这是自2016年11月7日《中华人民共和国网络安全法》颁布以来，我国首次针对涉及网络支付企业进行的个人信息安全认证，代表了我国目前最具公信力的个人信息安全和隐私保护体系。

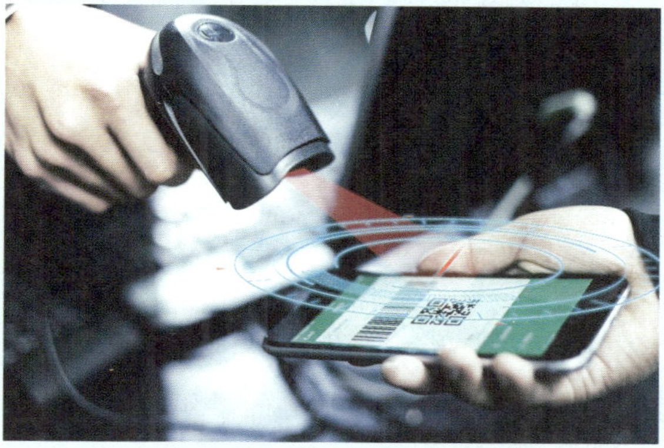

图 2.1-11 支付宝应用场景

（参考自《全国首批！支付宝获得“个人信息安全管理体系”国家认证》，搜狐网，2019-02-02）

在隐私保护方面，支付宝有着不少具体的表现。2019年发布的支付宝年度账单中，用户发现年度账单由直接查看变成了需要身份校验才能查看，账单总结页面中增加了“一键隐藏”按钮，可一键隐藏消费的具体数据，页面中取消了分享按钮，不鼓励用户进行分享等。以上这些改进都是基于隐私的保护。

随着信息共享的高速发展，个人隐私泄露的情况频频发生。生活中，我们时不时就会接到陌生短信或电话，电话那一端的人对你的个人信息、联系方式、生活偏好等信息“了如指掌”，我们不得不问，是谁泄露了我的个人信息？而银行卡信息、支付密码、社交账号密码等私密信息一旦被不法分子掌握，那后果不堪设想。

针对各种信息安全风险，从技术角度来说，需要构建网络环境下的信息安全技术体系，包括计算机安全操作系统、各种安全协议、安全机制（数字签名、消息认证、数据加密等）等，这是保证信息安全的关键。

十二、信息法律

对于人类社会而言，信息的流动如同血液之于躯体[23]。要确保信息的有序流动以及安全，需要对信息传播主体的组织、权利和义务等方面作出规范。在信息社会中，信息网络的广泛应用使得信息网络安全面临了很大的挑战，不法分子利用网络以各种方式实施违法犯罪活动，危及网络的应用与发展，甚至严重危害国家和社会的安全及秩序。为了有效地保障信息安全，需要不断加强信息安全立法工作，完善信息安全法律体系，建立各种与信息技术发展相适应的法律规范。信息法律是调整信息活动中产生的各种社会关系的法律规范，涉及信息系统、处理信息的组织和对信息负有责任的个人等[24]。它包括大量的办法和条例，对信息安全相关行为规范、信息安全中各方权利和义务以及违反信息安全的行为进行了明确，是信息安全的基本原则和基本制度，也是信息传播主体的行为依据。信息法律的建立，规范了信息活动，保护了信息权利，协调和解决了信息社会中产生的矛盾，打击和惩治了网络空间的违法犯罪行为，极大地保护了国家信息主权和社会公共利益。信息法律作为我国法律体系中重要的组成部分，在维护信息网络的安全与秩序等方面发挥着重要作用。近年来，国家相继制定了一系列与信息安全相关的信息法律，主要包括《著作权法》《中华人民共和国网络安全法》《计算机软件保护条例》《计算机信息系统安全保护条例》《中华人民共和国计算机信息网络国际联网管理暂行规定》《中国互联网络域名注册暂行管理办法》《全国人民代表大会常务委员会关于维护互联网安全的决定》等。

案例

案例 2.1-9　随意进行网络扫描和技术检测属违法行为

2019年5月21日，揭阳网警工作发现，违法嫌疑人苏某有涉嫌非法侵入计算机系统的行为。经深入调查发现，违法嫌疑人苏某于2019年5月13日，对南方网等网站进行漏洞扫描，然后用弱口令测试北京中医院网站的后台并成功登录，在未经授权的情况下擅自修改管理员的账号和密码，同时将该网站的漏洞提交给“漏洞盒子”网站。违法嫌疑人苏某的行为构成干扰他人网络正常功能和非法侵入他人计算机系统。

据其本人交代，其违法行为只是为了获取相应积分，有利于其以后找工作。根据《中华人民共和国网络安全法》第六十三条，揭阳警方对其作出行政拘留五日的处罚。

（参考自《随意进行网络扫描和技术检测属违法行为》，汕头政法，2019-11-12）

网络技术给人们的工作、生活和学习带来快捷与便利，但一旦用于违法行为，就会构成犯罪，对社会造成危害。案例中的苏某利用网络技术对某网站进行漏洞扫描，其目的虽然只是为了获取相应积分，但根据相关信息法律，其行为已涉嫌非法侵入计算机系统的违法犯罪行为，构成犯罪，要负相应的法律责任。因此，在网络空间实施的所有行为都要遵守相关法律法规，在网络空间的违法犯罪行为同样要受到法律的制裁。

十三、信息伦理

信息技术、信息系统本身不具有善恶的价值属性，善恶问题是在人使用信息技术、操作信息系统的过程中产生的，即善恶取决于人的行为而不是计算机的结构。为了在创造善的价值的同时尽量避免恶的后果，使信息技术的发展与运用保持正确的方向，从而被纳入健康的轨道，就极有必要对人在信息活动领域中的行为进行合理的规范。

信息伦理，是指涉及信息开发、信息传播、信息管理和利用等过程中的伦理要求、伦理准则、伦理规约，以及在此基础上形成的新型伦理关系[25]。信息伦理又称信息道德，它是调整人们之间以及个人和社会之间信息关系的行为规范的总和。信息社会中出现的信息伦理问题主要包括侵犯个人隐私权、侵犯知识产权、非法存取信息、信息责任归属、信息技术的非法使用、信息的授权等。

信息伦理结构的内容可分为信息道德意识、信息道德关系、信息道德活动三个层次。信息伦理不是由国家强行制定和强行执行的，是在信息活动中以善恶为标准，依靠人们的内心信念和特殊社会手段维系的。

案例

案例 2.1-10　车库智能开门器引发的信息伦理问题

目前，为方便汽车进出车库，许多公司研制出了车库智能开门器。

利用该类产品，可以无线连接到家庭网络，不仅能远程追踪车库门状态，通过手机应用软件控制车库门的开关，还能实现更复杂的行为追踪。例如，可以提前告诉恒温器你什么时候到家或者离家，这样恒温器就可以更有效率地调节温度。灯可以在你到来的时候打开，或者在你离开一段时间后关闭。但是，很多人认为，一屋子联网产品追踪自己行为，存在很大的安全隐忧（图2.1-12）。

图2.1-12　联网控制场景

（参考自《智能车库门开门器支持Wi-Fi》，网易数码，2015-05-05）

车库智能开门器的应用确实能带给用户许多便利，但也容易引发信息伦理问题，如用户担忧自己的隐私被侵犯，自己的行为信息被非法存取等。要消除用户的后顾之忧，应确立相应的伦理原则：一是无害性原则，即技术发展应坚持以人为本，“智能开门器”的产品主要是为用户提供方便；二是权责统一原则，即谁搜集谁负责、谁使用谁负责，公司从传感器收集数据是“一种责任”；三是尊重自主原则，即数据的存储、删除、使用、知情等权利应充分赋予数据产生者，公司应该遵循原则，即在一定时间后清除云计算中存储的数据，并且让消费者知道公司如何使用其数据。

因此，在“信息系统与社会”模块的教学中，基于大概念的主题单元学习，需要提炼与凸显典型案例中的核心概念，通过学科核心概念的学习来培养学生在问题解决中的价值观、必备品格和关键能力。

第2节 “信息系统与社会”中核心概念的辨析

学科核心概念是学科本质属性的体现，一个或多个核心概念构成了学科的核心主题，对学科知识起到统领和主导作用。学生若对核心概念的认知产生偏差，就容易造成概念混淆不清的现象。要避免这种现象的发生，关键要在辨析概念上下功夫。通过概念的辨析，使学生明晰概念的基本含义，透彻理解概念的实质与外延，从不同角度、不同层次认识和理解学科核心概念，建立知识间的相关联系，形成结构化的知识框架，发展批判性的知识应用能力，提升学生的学科素养。

一、互联网与物联网

互联网是指一种能够覆盖全球的信息系统，通过在互联网协议（TCP/IP）的基础上建立全球唯一的地址逻辑，并且将全球所有的信息系统连接在一起[26]。互联网将网络（局域网、广域网、城域网）与网络（局域网、广域网、城域网）以一组通用的协议连接起来，形成逻辑单一且巨大的全球化网络，实现资源的交换与共享。它是信息社会的基础。

物联网就是物物相连的互联网。这有两层意思：一，物联网的核心和基础仍然是互联网，是在互联网基础上的延伸和扩展的网络；二，其用户端延伸和扩展到了任何物品与物品之间，进行信息交换和通信，也就是物物相息[27]。物联网的核心是物与物、人与物之间的信息交互。通过视频识别、传感器等感知设备感知获取物体的相关数据。通过各种有线和无线网络与互联网融合，将物体的相关数据实时、准确地传送，以便信息交流和分享。通过各种智能技术，对感知和传送的数据进行分析和处理，实现检测与控制的智能化。

互联网与物联网在网络性能方面有诸多相同点，主要体现在以下三点。

- 二者均有着相同的技术基础，都是依托共同的网络技术基础发展起来的。
- 互联网与物联网开展工作的主要依据都集中在相同的分组数据技术基础上。
- 互联网与物联网之间都有着共同的承载网，且互联网与物联网的承载网以及业务网都是互相分离的，二者的业务网都可以进行独立的发展以及设计[28]。

互联网与物联网存在一定的区别，主要体现在以下三点。

- 物联网是互联网的扩展，它继承了互联网所有的普遍特征，但它不是互联网的翻版，也不是互联网的一个接口。
- 互联网由多个计算机网络相互连接而成，形成相互沟通、相互参与的互动平台。物联网就是把人和物、物和物之间进行联系和控制，协同和处理。
- 对网络的要求不同。互联网比较注重网络性能的开放性与通达性。物联网对网络的实时性、安全性、可信性、资源保证性等都有很高的要求。

案例

案例 2.2-1　物联网＋智能家居

还有15分钟到家，空调可以开始调节温度了，本来敞开的窗户自动闭合；家里的灯光会根据室内光线强弱自动调节……这是智能家居生活的场景。智能家居示意图如图2.2-1所示。

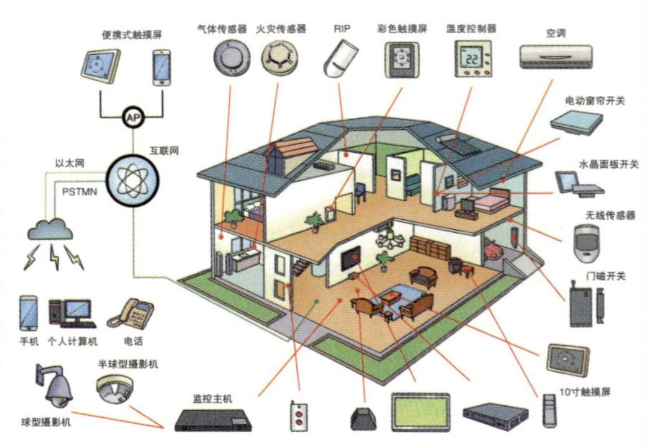

图 2.2-1　智能家居示意图

智能家居通过物联网技术将家中的各种设备（如音视频设备、照明系统、窗帘控制、空调控制、安防系统、数字影院系统、影音服务器、影柜系统、网络家电等）连接到一起，再通过物联网网关（实现感知网络与通信网络，以及不同类型感知网络之间的协议转换）把采集到的各类信息传递到互联网，同时实现一定的管理功能。大体模型如图 2.2-2 所示。

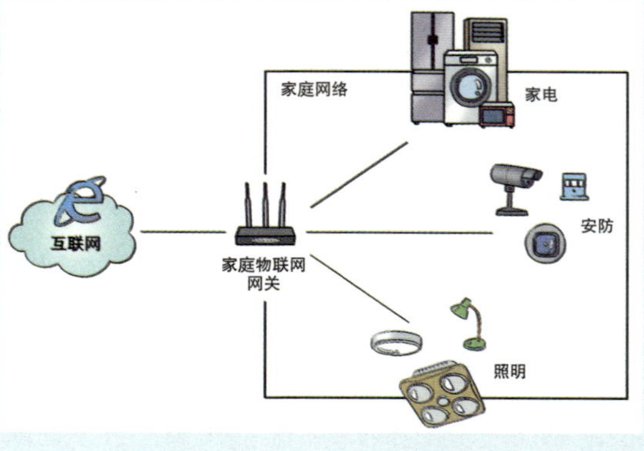

图 2.2-2　智能家居模型

（参考自《物联网网关关键技术和应用方向》，电子工程世界，2013-08-14）

智能家居是在互联网影响之下物联化的体现。在设备上植入各种感应芯片使其智能化，然后借助网络，实现人和设备“对话”，设备和设备之间“交流”。而物联网网关，在未来的物联网时代将会扮演非常重要的角色，它将成为连接感知网络与传统通信网络的纽带。如案例中的物联网网关可以实现家电、安防、照明等任一感知网络与通信网络，以及家电、安防、照明等不同类型感知网络之间的协议转换，既可以实现广域互联，也可以实现局域互联。

物联网通过获取信息、传送信息、处理信息和施效信息等过程，实现了人与物、物与物之间的交互。传统的互联网用户浏览网站时，是通过单击按钮或者链接从一个页面跳转到另一个页面，有意识地与网站发生交互行为之后留下行为信息。但是物联网却能在用户还没意识到的情况下就完成了信息的采集。物联网的世界好像充满了隐形的按钮，当用户进入某一特定场景就会触发相应的按钮。小到信用卡刷卡器，大到整个房间，它们都能感知用户的行为并作出回应，例如智能电灯，能在感知主人离开房间以后自动关闭。

二、本地计算与云计算

互联网、移动网络、物联网等每天都产生着大量的数据，这些数据规模巨大、格式多样，导致在应用中需要更强的计算能力、更大容量的存储空间、更稳定的安全性能等，而为了支撑这些不断增长的需求，人们不得不去购买各类硬件设备（服务器、存储、带宽等）和软件（数据库、中间件等），另外还需要进行安装、配置、测试、运行、升级以及保证系统的安全等维护工作。这种本地计算的部署方式运维成本变得非常大，而且其费用会随着应用的数量或规模的增加而不断提高。利用云计算可以很好地解决上述问题。云计算以互联网为中心，在网站上提供快速且安全的云计算服务与数据存储，让每一个使用互联网的人都可以使用网络上的庞大计算资源与数据中心[29]。

云计算提供可以无限扩充容量的云存储设备，以解决现有物理设备的本地存储不能满足大数据存储需求的问题。因此，云存储是在云计算技术上发展出来的一种新的网络存储技术，它是一个以数据存储和管理为核心的云计算系统。云存储可以将存储空间按照用户的不同需求进行合理分配，还能够无限量地对云存储空间进行扩容。用户可以将本地的资源上传至云端上，可以在任何地方连入互联网来获取“云”上的资源，极大方便了使用者对资源的管理。

案例

案例 2.2-2　某家公司的存储方案选择

某家媒体公司每天都会采集 100 GB 左右的视频资料并保存。目前的做法是：每台机器配置 3~4 个 1 TB 的硬盘。但有时为了方便，一个视频可能会保存在多个机器上。为了应对以后的需求增长，公司考虑购买存储系统，初步预计规模在 100 TB 左右，主要考虑性价比，同时兼顾读写速度。

（一）本地存储方案

需要建一个专用机房，为了保证系统的稳定运行，需要对机房配置 2 路电源、不间断电源（uninterruptible power system/uninterruptible power supply，UPS）、空调制冷以及专业的运维人员。目前的低端存储一般采用服务器架构，一个硬盘使用 1 TB 容量的话，一个 2 U 的存储服务器可以提供 20 TB 数据，100 TB 需要 5 台存储服务器。如果想让外部也可以访问这个媒体库的话，还需要架设一套对外访问的门户系统。

（二）云存储方案

数据保存在互联网数据中心（internet data center，IDC）机房，公司无须建机房。不用预先估算容量，可以根据实际存储需要动态调整。需要拉一条宽带，以便和IDC机房连接。考虑到宽带的速度，需要在客户端增加一台10 TB缓存服务器，对热点数据进行本地缓存（客户的热点数据一般是近1个月的视频数据，不会超过5 TB）。对于热点数据，可以直接从本地缓存读取，而对于非热点数据，客户是容许读取时间稍长的，可以直接从IDC获取，并根据策略是否在本地缓存。

两种存储方式所需设备与费用比较如表2.2-1所示。

表2.2-1　传统存储与云存储所需设备与费用比较

设备与费用	本地存储	云存储
专用机房	√	×
2路以上电源	√	×
UPS保证	√	×
空调制冷	√	×
宽带	如果需要外部访问	需要尽量高的带宽
外部访问门户	自己架设	服务商提供
存储网络运维人员	√	×
存储服务器	需5台，提供100 TB	×
缓存服务器	×	需1台，提供10 TB
其他费用	电费	租赁费

两种存储方式的一些影响因素比较如表2.2-2所示。

表2.2-2　两种存储方式的一些影响因素比较

影响因素	本地存储	云储存
断电概率	低	极低
断网概率	极低	低
存储系统故障	低	极低
数据外泄风险	取决于接触的人	取决于接触的人和云服务商

（参考自《云存储的应用优势及结构梳理》，腾正科技，2018-09-27）

大量数据的存储和管理，对存储系统的搭建提出了更高的要求。以上案例中，公司在搭建存储系统时，结合应用需求，对本地存储和云存储从运维成本与影响因素等方面作了一些对比，从中也可以看出云存储的应用优势。

对比本地计算，云计算提供更强大的计算能力，可以实现数以万计数据的处理，提供更强的网络服务，并且能够根据用户的需求快速配备计算能力，实现按需部署。它将许多计算机资源协调在一起，具有较强的扩展性，彻底改变了计算与存储的方式，日益成为互联网的前奏“大脑”。用户可以不受时间和空间的限制，通过计算机、移动终端等设备接入该“大脑”，获取到无限的资源。在云计算概念出来之前，没有本地计算一说。随着云计算概念的提出，需要将数据存储在云端，就有了云存储和本地存储之分。当计算变成一个任务时，在云端的计算叫作云计算，在本地的计算叫作本地计算。云计算本身是一种本地存储与计算的替代方案，其实质还是一种计算，所以本地计算具备的功能，云计算通过虚拟化后也相应具备，如虚拟计算机、虚拟存储、虚拟网络、虚拟操作系统等。与本地计算相比，云计算的存储能力和运算能力得到了较大幅度的提升。由于其超高的运算速度，目前已经应用于天文计算、天气预测及交通管理等领域。

与本地计算相比，云计算存在以下几方面的优势。

- 费用：云计算是一种商业模式，也就是租用。而本地计算模式是自建基础设施。两者相比来看，云计算使得用户没有固定资产折旧带来的财务压力，能够对租用的资源进行收缩，从而节省专业运维的费用。
- 效率：云计算是将许多计算资源集合起来，从而达到强大的网络服务，具有较高的计算效率。
- 开放性：云计算需要将不同类型应用和服务进行集合，硬件架构和操作系统就要相对开放，这样也便于新增应用的无缝接入。
- 可扩展性：云计算可以根据需要添加或删除计算、存储、网络和其他资源，具有很强的可扩展性。

案例

案例 2.2-3　云计算带来的“新气象”

我们平时从电视、报纸、网站或手机上获取的看似简单的天气预报，其背后却有着极其庞杂的数据采集和分析作支撑。

为了获取精确的天气预报，气象部门会采集大量数据并组成超大的“数据库”。这些数据来自一个庞大的观测网络。目前，全国有2 000多个地面站、120多个高空探测站、6颗在轨卫星、5万多个自动监测站、600多个农业监测站、300多个雷达站等，逐日、逐小时甚至逐分钟扫描着中国出现的各种各样的大气数据。我国每年新增的气象数据达到PB（petabyte，一般称为拍字节）量级，较20世纪90年代增长了数千倍，并仍在快速增长中。

大量气象数据的采集、处理和分析，需要海量的计算资源，对硬件、软件的要求更为苛刻，传统的处理设备难以满足大数据处理的功能和性能要求。云计算使得大数据处理更方便、更快速、更省时省力，这在气象防灾减灾中意义尤其重大。要提高预报预警准确率、科学评估灾害，必须要纳入除气象数据以外的大量其他各行各业的数据，传统的设备无法快速处理，这无疑是和生命财产安全抢夺时间，而云计算可以很好地规避这个问题。

2014年5月27日，中国气象局公共气象服务中心与阿里云达成战略合作，共同挖掘气象大数据的深层价值。海量气象数据将通过阿里云计算平台，变成可实时分析应用的“活数据”，服务国民经济和社会民生。

中国气象局公共气象服务中心计划深度挖掘利用的数据包括：60多年来的历史气象数据；全国2万多个观测站、卫星、雷达监测的气象观测数据，包括降水、温度、风力风向、地面结冰、太阳辐射、酸雨、空气能见度等30余种要素；短期、中期、长期的精细化气象预报数据；通过国际交换获取的全球气象观测、预报数据。这些气象大数据就像油田，云计算就是钻井和炼厂，没有云计算就只能守着成片的油田干着急。而盘活大数据也是云计算内在的灵魂和必然的升级方向，这些庞大的数据经过阿里云计算平台的处理分析，可以实现“分区预警、地质灾害预测、数据高速分析处理、第三方数据查询、精细化格点预报”等功能（图2.2-3），使天气预报变得更加精准和人性化，为各行各业和普通老百姓提供创新的产品和服务。

图2.2-3　气象云服务平台提供的功能

（参考自《走进大数据时代气象服务：气象“云”气象万千》，贵州日报，2014-03-26；《中国气象局应用云计算　阿里云获国家部委合同》，环球网科技，2014-05-27）

许多重要信息都被隐藏在了海量数据的背后，我们希望能从海量数据中发现潜在并且有用的关系和规则，从而可以预测未来发展趋势。但对海量数据的存储和计算是最常遇到的难题，这使得许多现有数据挖掘技术在输入数据量或是计算量巨大的情况下无法对数据进行处理，而处理这样的情况恰恰是云计算比较擅长的。

相比本地计算，云计算最大的优势是可以将计算资源、硬件资源及存储资源整合在一起，提供弹性计算、弹性存储等服务。例如，案例中的气象“云平台”利用云计算技术支撑起非常庞杂的数据存储和计算，并能根据用户请求提供相应的服务。随着大数据、云计算技术的应用，气象预报变得越来越精确。其实，云计算实现了一种资源共享，云计算或者云服务就好比骑共享单车，随时需要随时用，按用量（路程）付费即可，并不需要购买实物单车，也不用操心单车的维修管理，同时这种共享模式还提高了单车的使用率，使资源使用更高效、更便捷。

随着云计算技术的不断发展，如今越来越多的应用正在迁移到“云”上，如我们生活中接触的各种“云盘”。云计算不断地扩展到更多领域，可以预见，未来越来越多的应用都会部署到云端，而它们中的大部分都将直接通过人们手中的移动设备，为人们提供各种各样的服务。

三、协议与标准

在计算机领域，为了实现多方的通信、共享与协同，需要协议的支持。

同时，也存在一类标准，起着类似的作用。那么，协议与标准有何联系与区别呢?

协议是两个实体之间正确进行通信必须遵守的一些规则和约定，如同人与人之间相互交流需要遵循一定的约定。你可以指定一个规则成为协议，但它可能只适用你的产品，并不具备通用性，这叫作“私有协议”；如果你把你的规则公开，别人也可以按照你的规则来做产品，那它就成为一个“开放协议”；如果大家都用你的规则，而且你的规则得到了行业和专业组织或者标准化组织的认可，那么它就成为一个“行业标准”或者“标准”。也就是说，标准是由政府部门或标准化组织所制定，是相关组织内的成员协商一致的结果[30]。

与协议不同，标准具有更广泛的认可度，由专门的标准组织认可并颁布。例如，国际标准化组织（international organization for standardization，ISO）、国际电工委员会（international electrotechnical commission，IEC）、国际电信联盟（international telecommunication union，ITU）以及国际标准化组织确认并公布的多个国际组织每年都会制定出大量的标准。这些标准，已经成为“帮助各类机构在全球市场上充分发挥潜力的最强有力手段[31]”。通过制定基础通用的技术规范、标准，使不同生产者、销售商的产品、服务和技术能够像拼图一样完美匹配，为产品的通用性和兼容性提供支持，为推动创新、促进新产品市场准入奠定了坚实的基础。例如，2007年，我国颁布了手机充电器国家标准。该标准规定，通用充电器将采取一根USB数据线加一个带有USB端口母座充电器的形式（图2.2-4），解决多年来手机充电器不兼容的问题。该标准的制定，不仅极大方便了消费者，而且降低了消费成本，更重要的是，废除了高达五万多吨不必要的充电器，利于节能环保。

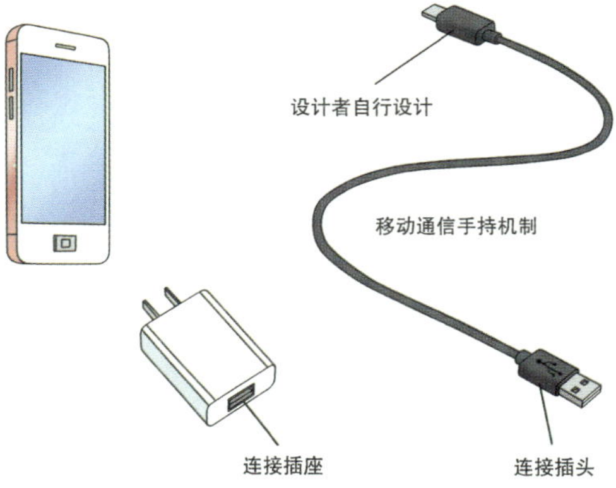

图2.2-4　连接结构示意图

案例

案例2.2-4　中国网民可用全中文标识邮箱收发邮件

2008年9月，互联网国际标准制定组织——互联网工程任务组（the internet engineering task force，IETF）正式发布了邮件地址国际化（邮箱名称母语化）的三项核心标准：RFC①5335《国际化邮件头》、RFC5336《SMTP②扩展支持国际化邮件地址》和RFC5337《国际化发送和部署回馈》。按照这些标准，中国网民之间可用类似“小华@互联网中心.中国”的中文邮件地址收发邮件；各国网民则可用母语注册邮箱。这意味着诞生于1982年的邮件标准协议英文独霸时代被终结，占全球大部分人口的非英语国家网民从中受益。

此次IETF发布的三个标准，其中起核心作用的RFC5336《SMTP扩展支持国际化邮件地址》是由中国技术专家主导制定的，标准作者来自中国互联网络信息中心（China internet network information center，CNNIC）。该标准具体定义

① RFC：remote function call的英文缩写，是由IETF发布的一系列备忘录。

② SMTP：简单邮件传输协议，simple mail transfer protocol的英文缩写。

了新型的国际化邮件地址的格式，规定了支持国际化邮件地址的服务器之间的具体交互方式，以及如何与非国际化邮件地址服务器交互的方式。值得一提的是，该标准颠覆了互联网基础协议只以ASCII[①]编码方式传输的传统，确立了UTF[②]-8在基础邮件协议里的传输和存储，从而使互联网真正做到国际化。

（参考自《中国网民可用全中文标识邮箱收发邮件》，人民网《京华时报》，张莹，2008-10-07）

由于历史和技术的原因，整个互联网的设计是基于英语的偏好。但随着互联网的迅猛发展，这种设计弊端逐渐显现，并对互联网基础应用的全球普及构成一定阻碍。邮件地址国际化系列标准解决了非英语邮件地址的母语化难题，不仅让各语种内部之间可使用本民族语言在互联网上自由收发邮件，更解决了不同种语系邮件地址之间的互联互通。

制定协议和标准的目的是让各个厂商的网络产品互相通用，尤其是完成具体功能的方法和通信格式。例如，在计算机网络中，由多个互连的节点组成，节点之间要不断地交换数据和控制信息。要做到有条不紊地交换数据，每个节点就必须遵守一整套合理而严谨的结构化管理体系，即在世界范围内统一协议，制定软件标准和硬件标准，并将计算机网络及其部件所应完成的功能精确定义，从而使不同的计算机能够在相同功能中进行信息对接。为了完成计算机网络通信，实现网络通信的软硬件就需要完成一系列功能，如为数据封装地址、对出错数据进行重发、当接收主机无法承受时对发送主机的发送速度进行控制等。为每一个功能的实现设计相应的协议或标准，这样，

① ASCII：美国信息交换标准代码，American standard code for information interchange的英文缩写。

② UTF：统一码转换格式，unicode transformation format的英文缩写。

各个生产厂家就可以根据协议或标准开发出能够互相通用的网络软硬件产品。如果没有统一的协议和标准，各个厂商的产品就无法通用。

案例

案例 2.2-5　5G 标准之争

2018年6月，国际标准组织3GPP①全会批准了第五代移动通信技术标准独立组网功能冻结，这标志着第一个完整版的全球5G标准正式出炉。5G完成了第一阶段全功能标准化工作，实现了对“增强移动宽带（enhanced mobile broadband，eMBB）”和“低时延高可靠（ultra-relaible and low latency communication，uRLLC）”两种重要场景的支持。中国通信企业（主要是华为）主推的极化（polar）码被采纳为5G eMBB 场景的控制信道编码方案，美国运营商和企业（主要是高通）主推的LDPC②码被采纳为5G eMBB 场景的数据信道编码方案。因此很难说“中国已经处于领导地位”或“与美国平分秋色”，但是，从2G时代的懵懂，到3G时代的觉醒，到4G时代的谋求主导，到5G时代的谋求引领，中国已经走在了追赶的路上（图2.2-5）。

图 2.2-5　中国企业“踏浪而来”

① 3GPP：第三代合作伙伴计划，3rd generation partnership project 的英文缩写。
② LDPC：低密度奇偶校验码，low density parity check code 的英文缩写。

5G标准由一个复杂的体系组成，包括基带、控制、空口协议等。在5G新空口协议上，华为以1 481项声明专利数排名第一，而高通因为拥有垄断性专利优势的CDMA①，在基带和控制上的优势比较明显。在5G专利总体拥有量方面，高通拥有全球15%的专利，三星拥有13%，诺基亚拥有11%，爱立信拥有8%，而以华为、中兴等为代表的国产厂商，合计获得的基础专利数量超过20%。

（参考自《从5G标准之争谈技术标准战略》，创头条，2018-03-03）

标准是不同企业之间实现产品兼容的一种技术。在网络市场中，企业控制网络最有力的工具就是标准。如果一个企业控制了标准，那么，它就有权决定谁可以与自己兼容，谁不可以与自己兼容。谁控制了标准，谁就控制了整个网络。因此，全球性的通信标准不仅是一项技术标准，而且关系到产业发展和国家战略。在5G标准之争中，中国阵营已经成为全世界5G标准的重要力量。在部分领域，中国技术实力雄厚，奠定了5G标准之争的基本格局。常言道，得标准者得天下。标准之争历来是大国利益的诉求和博弈。在全球化的今天，谁掌握了标准，谁就赢得了市场主导权。

四、信息法律与信息伦理

随着网络技术的不断发展，网络已经成为人类新的生存空间。但随之而来的信息伦理问题凸显，除了国家出台信息法律法规外，社会上也需要积极建立信息伦理。信息法律是调整信息活动中产生的各种社会关系的法律规范[32]。信息伦理是指涉及信息开发、信息传播、信息的管理和利用等方面的伦理要求、伦理准则、伦理规约，以及在此基础上形成的新型的伦理关系[20]。信息法律和信息伦理同样担负着调节信息行为的重任，而且在某种条件下，

① CDMA：码分多时，code division multiple access的英文缩写。

信息伦理的作用更大些。因为，信息伦理除了和信息法律一样具有普遍性外，还具有开放性、自律性特点，如果网民都能把信息伦理重视起来，信息问题就会逐步减少乃至杜绝。

信息伦理不是由国家强行制定和强行执行的，而是通过社会舆论、传统习俗等，使人们形成一定的信念、价值观和习惯，从而使人们自觉地通过自己的判断规范自己的信息行为。信息伦理作为信息管理的一种手段，与信息法律有密切的关系，它们各自从不同的角度实现对信息及信息行为的规范和管理。信息伦理以其巨大的约束力在潜移默化中规范人们的信息行为，信息法律依靠国家强制力的威慑，可以有效地打击那些在信息领域造成严重恶果的行为者，但它的制定和实施必须考虑现实社会的道德基础。所以说，信息伦理是信息法律建立和发挥作用的基础，是对信息法律的补充；而在自觉、自发的道德约束无法涉及的领域，以法制手段调节信息活动中的各种关系的信息法律则能够发挥充分的作用。信息法律将相应的信息伦理固化为成文的法律、规定、条例等形式，从而使信息伦理的实施具有一定的强制性，更加有法可依。信息伦理和信息法律两者相互补充、相辅相成，共同促进各种信息活动的正常进行。

信息伦理和信息法律在规范行为和解决冲突方面有相同的目的性，但是它们之间有明显的区别。

1. 约束力不同。信息法律是具有国家或地区强制力的行为规范，犯法要受到法律的制裁，罚款和判刑；信息伦理不具有类似的强制力，通常只是用舆论谴责不讲公共道德的行为。

2. 标准不同。合法的不一定合（伦）理，合（伦）理的不一定合法。

3. 作用范围不同。由于信息法律是具有国家或地区强制力的行为规范，因此只作用于相应的行政区域范围。信息伦理有文化宗教的因素，但是没有国家和地区的约束，因此全世界的华人，不管现在生活在哪个国家和地区，都还是会遵从华人公认的道德规范。

4. 覆盖不同。信息伦理覆盖人与人行为的方方面面，并没有一个文字的严格约定，是无限的。而信息法律是基于白纸黑字的各种条文的，是有限的，一定存在没有覆盖的、有时是根本无法覆盖的角落。

5. 人为的法律。伦理是惯性的，是长期历史形成的；法律不同，法律会不断补充和调整。

案例

案例 2.2-6　为 App 收集使用个人信息划定边界

近年来，手机App的大量开发和应用，在促进经济社会发展、服务民生等方面发挥了重要作用，给人们带来了诸多便利。不过，也有不少App在推广和使用中存在一些问题，其中之一就是过度收集用户信息。中国消费者协会发布的《100款App个人信息收集与隐私政策测评报告》表明，被测评的App普遍存在涉嫌过度收集或使用个人信息的情况，而且其中用户协议的隐私条款存在瑕疵。对此，中央网信办等四部门决定在全国范围组织开展App违法违规收集使用个人信息专项治理行动。为切实保障公民信息安全，有必要对App收集使用个人信息的行为加以限制，以符合合法原则、正当原则、必要原则。

（参考自《为App收集使用个人信息划定边界》，人民日报，2019-03-08）

案例中的合法原则是从法律法规的角度提出的。App收集、使用个人信息应当遵守相关法律法规。目前，我国有几十部法律法规涉及个人信息保护。例如，《中华人民共和国网络安全法》规定，收集用户信息应当向用户明示并取得同意，并对用户信息严格保密，建立健全用户信息保护制度。消费者权益保护法、电子商务法、民法总典、刑法、电信条例等法律法规对公民个人信息保护都有详细规定[33]。

案例2.2-6中的正当原则是从伦理道德角度提出的。信息技术发展迅速，而法律法规的修改和完善需要一定时间，因此成文的规范存在滞后性。对于还没有成文规范可以作为依据的事项，App收集使用个人信息应遵守道德伦理底线，尊重社会公序良俗，对相关服务方式进行自我管理和审查，确保收集使用个人信息行为的正当性。当前，还存在一些违反正当原则的情形。例如，App收集使用个人信息本应用于改善服务质量、提升用户体验，但一些App却利用老用户的使用惯性和信赖，在用户不知情的情况下以更高的价格向其推销产品，进行“大数据杀熟”。正当原则还意味着App收集使用个人信息时，不应强迫用户授权，或者以默认授权、捆绑服务、强制停止使用等不正当手段变相诱导、胁迫用户提供个人信息[36]。

在本模块的教学中，通过对“互联网与物联网”“本地计算与云计算”“协议与标准”“信息法律与信息伦理”等概念的辨析，使学生对这些概念的内涵与外延有更进一步的理解，从而掌握概念之间的联系与区别，有利于在解决问题过程中培养信息素养。

第3章
“信息系统与社会”中的学科逻辑

学科核心概念的学习不是散点状、碎片化知识的简单堆积过程，而是建立概念间条理化内在联系的累积过程。学科知识的内在关联称为学科逻辑。学科逻辑是通过学科知识结构体现的、能够反映学科思想和方法的一种思维的规律[34]。它关注学科知识自身生成的规律，关注学科规律的本质特征。因循学科逻辑，一个个看似分散的知识“点”才能被一些“链条”所贯穿，而所谓的“思想”“道理”“方法”正是蕴含其中。也就是说，将分散的、相对孤立的知识纳入完整的学科逻辑体系中形成累积知识，累积知识的过程揭示了学习内容的基本线索和知识之间内在联系的结构化过程[35]。纵观“信息系统与社会”模块，其中的学科逻辑有系统与模块、反馈与优化、开放共享与安全保护等。

第1节　系统与模块

在平时的生活中，我们解决一个复杂问题时往往会采用自顶向下逐步分解、由粗到细、由复杂到简单的求解方法。这其中蕴含了系统与模块的逻辑。

一、系统与模块的逻辑

系统是一组相互关联或相互作用的元素所组成的统一的整体[3]。它可以由规模相对更小、更独立的模块（子系统或部件）组成。模块是组成系统的相对独立体，它可以组合和更换，系统是由模块相互作用而形成的。例如，我们在研究信息系统时，可以把它作为特定结构的有机整体，从系统角度来看待，全面研究系统和模块、模块和模块的相互联系，以期实现真实、全面、系统化的认知。

同时，某一个系统可以由低一层的模块组成，而该系统同时也作为上一级系统的模块。也就是说，某一系统被称为系统，实际上只是相对于模块而言的。客观世界是无限的，因此系统层次也是不可穷尽的。高层次系统一般由低层次系统构成，它们之间的关系可以看作系统和模块的关系。高层次作为系统制约着低层次，低层次作为模块具有一定的独立性，又相互作用共同形成高层次。一个系统，如果没有整体性，这个系统也就不复存在。相反的情形，如果一个系统中的模块完全丧失了独立性，那么这个系统同样将不复存在。

二、系统与模块逻辑的体现

在必修2“信息系统与社会”中，系统与模块的逻辑主要体现在信息系统的功能设计、硬件组成和软件开发等方面。

1. 系统与模块逻辑在信息系统功能设计中的体现

具体来说，信息系统是以现代计算机、软件和各种信息技术为基础，为实现某个系统目标，由信息资源处理模型支持的，由人、软硬件、网络设备、数据资源等组织和管理起来的信息处理的人机系统[3]。其功能是对某个业务领域的信息进行采集、处理、存储、管理、检索和传输，并能从信息中整理和组织知识，给有关人员提供决策支持的处理。也就是说，我们可以把信息系统看作是能对信息进行处理的系统。从功能方面看，信息系统是一个综合的、相对完备的系统，它是由规模相对更小、更独立的模块组成，系统中任何一个处理功能都可以看成一个模块。

案例

案例 3.1-1　大气质量预测预警及信息发布系统功能设计

大气质量预测预警及信息发布系统，是一个运用物联网技术，对区域内与大气环境质量相关的空气污染物（包括$PM_{2.5}$、PM_{10}、CO、SO_2、NO_x、O_3、总悬浮颗粒物等）指标及空气质量指数进行在线监测和信息发布的系统，该系统还能够根据大气各项指标，采用数据挖掘、人工智能等技术，利用数值模型、统计模型以及推理模型，建立多模式的空气质量预测预警模型，实现对未来空气质量各指标作出准确预测，并针对预测结果进行预警。其预测结果可通过个人计算机、移动终端以及广播终端等多种形式进行发布（图3.1-1）。

图3.1-1　大气质量预测预警信息发布流程

根据大气质量预测预警信息发布流程，系统可分为大气监测数据采集、数据中心、核心业务平台、大气预测预警信息Web发布、移动终端信息发布等模块（图3.1-2）。大气监测数据采集模块：从大气监测设备/站在线获取准确的、连续的、完整的大气监测数据，并储存和传输；数据中心模块：监测数据的整理、分类和存储；核心业务平台模块：对监测数据进行统计分析，利用数值、统计、挖掘以及推理等多种模型，对未来一定时间段内的大气环境质量进行快速预测和预警，结合推理技术进行自动调整和修正，并能够结合污染源清单通过空气污染追因系统推理污染形成的原因；信息发布模块：所有分析统计和预测的结果通过Web发布模块或移动终端发布模块进行展示，以供用户查询。

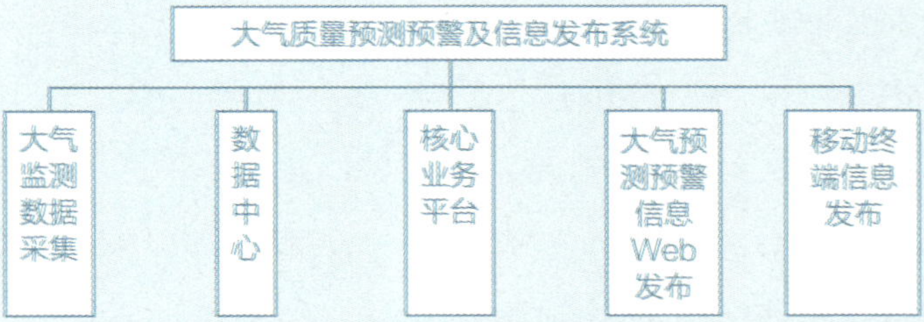

图3.1-2　大气质量预测预警及信息发布系统模块总图

（参考自《大气质量预测预警及信息发布系统》，VOCs环保物联网）

案例

案例 3.1-2　网上订餐系统的功能设计

随着互联网的普及，越来越多的企业建立了自己的网站，用来展示产品、发布最新动态信息、与用户进行交流和沟通、与合作伙伴建立联系、开展电子商务等。其中，网上订餐系统是电子商务网站的一种。

网上订餐系统应用的深度和广度是一个逐步发展的过程。在开发一个局部系统时，要充分考虑局部系统和整个目标系统之间的相容性和完整性，以利于今后整个系统的建立。在具体设计实现上，可围绕系统使用者和系统管理者来展开。对于该系统的不同使用者，其功能与业务逻辑不尽相同。对于普通用户而言，系统主要向用户展示一个美观的界面，用户可以浏览各类资讯、查询餐饮信息、订餐、订座等。而系统管理者则需要在后台管理数据。因此，可以将功能模块分为前台模块和后台模块（图3.1-3）。

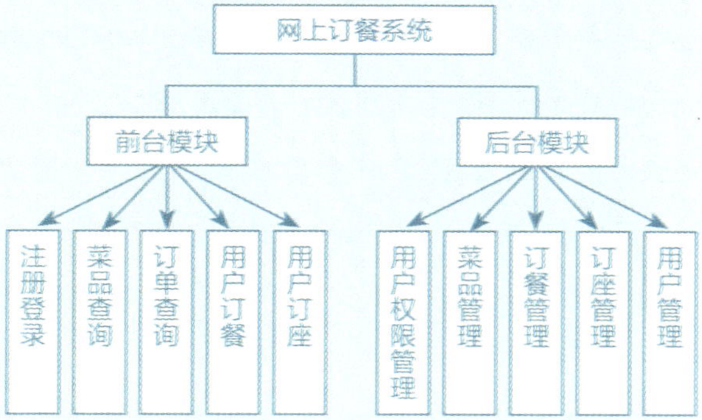

图 3.1-3　网上订餐系统模块

（参考自《网上订餐系统的设计与实现》，中国西南大学，郑雨航，2013-07-18）

在案例3.1-1和案例3.1-2中，系统功能的设计都采用了模块化思想，即整个系统是由若干个具有特定功能的子系统组合而成，而将这些子系统作为通用性的模块与其他要素进行多种组合，就可以产生多种不同功能或相同功能、不同性能的新系统。其中，案例3.1-2中，前台模块和后台模块还可以由低层次模块组成，如前台模块可以由注册登录、菜品查询、订单查询、用户订餐、用户订座等低层次模块构成。

2. 系统与模块逻辑在硬件组成中的体现

在硬件的组成中，模块是具备基础功能的组件，可以被替换、升级等，与其他组件共同组成功能完备的系统。例如，生产一辆汽车，在制造过程中，每个零部件都是单独生产的，组装这些零部件后就会成为一辆汽车。如果发现汽车某个零部件不合格，只需单独更换该零部件，而不需要更换整辆汽车，这样可以节约成本、提高效率。

信息系统中的硬件是支撑整个信息系统正常运行的重要组成部分，主要有计算机硬件、移动终端、网络设备、传感设备等，这些硬件都是由模块组成。例如，计算机硬件由运算器、控制器、存储器、输入设备和输出设备五部分组成。在实际生活中，若要增加计算机的存储空间，一般只需要更换或升级其存储设备硬盘，而不必换掉整台计算机，这就是硬件模块化设计的优势。

案例

案例 3.1-3　模块化智能监控系统的硬件选配

为满足安保的需求，要搭建一个智能监控系统。在硬件设计阶段，要根据实际需求选配硬件，模块化组合，自由定制。可选配的硬件模块如图3.1-4所示。

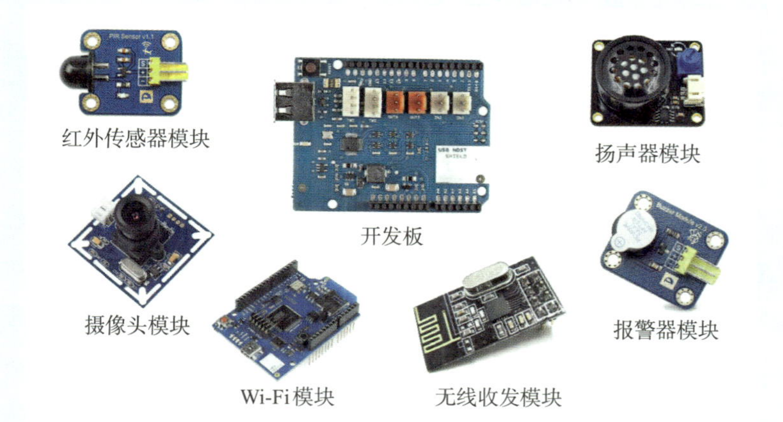

图3.1-4　监控系统可选配的硬件模块

开发板：选择一款便捷灵活、便于扩展的平台，可结合多种模块来实现数据的接收和传送。

红外传感器模块和摄像头模块：这套监控系统具备感知和预警两种工作模式。平时只启用感知模式，即关闭摄像头，红外传感器启动；一旦传感器检测到生物体，系统立即进入预警模式，及时开启摄像头，并转动角度追踪生物体位置。

扬声器模块和报警器模块：控制端可以启用应用端的扬声器，发出警报或者隔空对话。

Wi-Fi模块和无线收发模块：将经过初步处理的数据发送到云平台。具体使用Wi-Fi模块还是无线收发模块，则取决于应用端所处的环境。

（参考自《基于物联网的模块化智能监控系统》，简书，2018-10-31）

为满足更多个性化的需求，可以将不同的功能做成独立的模块，如红外传感器、声音传感器、温度传感器、Wi-Fi等模块。用户通过购买和替换特定的模块就可以实现系统的搭建和升级，提升了扩展的灵活性，同时也能激发用户的创新意识。

3. 系统与模块逻辑在软件开发中的体现

信息系统中的软件是控制和协调硬件工作的重要组成部分，软件主要分为系统软件和应用软件。在设计较复杂的程序时，一般采用模块化思想，将大问题分解成几个子问题，各个子问题再进行细化，直到分解为较好解决的问题为止。模块化程序设计，是指在进行程序设计时将一个大程序按照功能划分为若干小程序模块，每个小程序模块完成一个确定的功能，并在这些模块之间建立必要的联系，通过模块的互相协作完成整个功能的程序设计方法[36]。采用该方法编写程序，一开始并不是逐条输入计算机语句和指令，而是首先确定程序的框架结构以及模块，并定义和调试好各个模块之间的输入、输出链接关系，再编写能完成一定功能的程序语句，实现模块功能，最后将多个模块整合在一起完成整个程序。当然，若要改变某个子功能只需改变相应模块即可。以模块为单位进行程序设计，可以降低程序复杂度，使程序设计、调试和维护等操作简单化。

将某个功能模块设计成函数，不仅可以实现程序的模块化，提高程序的可读性和可维护性，而且还可以把程序中经常用到的一些计算或操作编写成通用函数，以供随时调用。

模块化程序设计的特点如下。

- 模块相对独立，功能单一。编写相对简单，可以独立编写调试。
- 可集体开发，缩短开发周期。不同的模块可以由不同的人员开发，最终能够合成完整的程序。
- 模块可以在不同的应用程序中多次使用，减少重复劳动，提高开发效率。
- 测试、更新以模块为单位进行，保证其他模块不受影响。

案例

案例 3.1-4　智能立体停车控制程序模块化设计

为解决城市发展所带来的停车难问题，智能立体停车场应运而生。图3.1-5为智能立体停车场模拟图，其对汽车的存取操作全由计算机程序来控制。

图 3.1-5　智能立体停车场模拟图

控制程序采用模块化编程形式，车位运行过程中只需调用子程序模块，这样大大降低了程序的复杂程度，方便程序的修改，而且为车位的拓展提供了便利条件。整个程序包括初始化子程序、手动按键子程序、紧急停车按键子程序、存取车位号赋值子程序、空车位号与移动车位号赋值子程序、托盘平移运动子程序、光电开关子程序、托盘升降运动子程序和故障报警子程序9个模块。

（参考自《基于PLC的多层升降横移立体停车库控制设计》，程怀舟，2010-01-20）

在该案例中，智能立体停车控制程序采用模块化设计，使整个控制系统的可靠性大大提高，满足了车库的控制功能与使用性能要求，实现了进出车的自动控制。同时，模块化设计使程序的二次开发成为可能，例如，要实现每个车位的相互通信，只需增加通信模块即可。

在“信息系统与社会”模块中，要引导学生从信息系统功能设计、硬件的组成和软件的开发等内容中深刻领会“系统与模块”的思维规律，掌握设计和实施信息系统的基本思想与方法，提升利用信息技术解决问题的能力，并在这个过程中逐步培养学科核心素养。

第2节 反馈与优化

在生产过程中，人们常使用反馈机制对系统进行不断调整，使得机器和设备的某个工作状态或参数在无人直接参与的情况下，自动按照预定的规律运行，实现自动化控制。

一、反馈与优化的逻辑

自动机器、神经系统、生命系统以至社会系统，撇开它们各自的质态特点，都可以看作是一个自动控制系统[37]。一个自动控制系统一般由控制器和被控对象组成。控制器会根据系统中某些关键性参数进行自动控制，用来维持自身的稳定和系统的目的功能。控制器发出相关指令（作为控制信息）传递到系统的各个部分（即控制对象），由它们按指令执行之后再把执行的情况作为反馈信息输送回来，并作为决定下一步调整控制的依据。整个控制过程就是一个信息流通的过程，控制就是通过信息的传输、变换、加工、处理来实现的[40]。

按原理的不同，信息系统中的控制分为开环控制和闭环控制两种。开环控制，控制的结果不会影响当前的控制输出；闭环控制，控制的结果会以一定的方式反馈回来与系统设定的期望值比较，并根据它们的偏差调整控制作用。因此，反馈是系统输出信息返回输入端，经处理后对系统输出施加影响的过程[40]。利用反馈产生的偏差进行控制的过程叫作反馈控制。若反馈的信息与输入的信息相减，使产生的偏差越来越小，对控制对象的活动起制约或纠正作用，则称为负反馈，负反馈可以使系统趋于稳定；若反馈的信息与输入的信息相加，使系统偏差不断增大，对控制对象的活动起增强作用，则称为正反馈，正反馈可以使信号得到加强。在控制中，正反馈和负反馈都是需要的，尤其需要负反馈，它能利用偏差产生控制作用，通过控制输出控制量以减少或消除误差。例如，空调会根据室内的温度自动调控温度值，当室内的温度低于设定的温度时，空调便会开启进行制热，使得室内温度升高；当室内的温度与设定的温度相同（或在允许的误差范围内）时，空调便会停止工作。

对于某个自动控制系统，需要在给定约束条件下去寻求一个控制，使给定的系统性能指标达到极大值（或极小值），从而实现系统控制的优化。因此，反馈是系统控制的一种方法，也是优化控制的一种手段。事实上，反馈控制是一切客观事物相互作用的一种普遍形式。例如，一项活动要想保证质量并取得成功，不仅要有计划方案，而且要有有效的控制。控制过程，就是通过信息的传输和反馈以实现活动得到有效保证的过程。控制中心依据原计划方案输入基准信息，通过各种渠道将执行结果的反馈信息返送到控制中心，控制中心正是根据反馈信息才能比较、纠正和调整它发出的控制信息，从而实现控制。只有及时有效的信息反馈，才能使偏离控制目标的行为或现象得到及时矫正或制止，使控制活动更大程度地接近和达到目标。而控制是否最优，则与反馈信息的数量、质量等有很大的关系。

二、反馈与优化逻辑的体现

在“信息系统与社会”模块中，反馈与优化的逻辑主要体现在传感控制、信息系统的开发等方面。

1. 反馈与优化逻辑在传感控制中的体现

随着物联网和人工智能的发展，信息系统逐渐可以通过传感技术自动获取信息（如温度、亮度、图像、声音、人脸等），并通过一定的机制对某一方面进行控制。当然，可采用反馈机制来实现自动控制和优化。

案例

案例 3.2-1　手机屏幕亮度的自动调节

目前，许多智能手机屏幕的亮度会随着周围环境光线的变化而自动调节：当环境光线变亮时，手机屏幕亮度会增加；当环境光线变暗时，手机屏幕亮度会降低。

手机屏幕亮度自动调节实现的原理是：在智能手机上有一个光线传感器（一般位于屏幕的上方，如图3.2-1），系统将其测得的周围光线强度信息与设定值进行比较，根据两者之间的偏差调整手机屏幕的亮度。显然，只要这个偏差存在，就需要对屏幕亮度进行控制，直到偏差减小为零或在允许的误差范围内，最终达到预设的目标。

图 3.2-1　某品牌手机的光线传感器位置

目前，智能手机已经成为一种具有多种功能的智能终端，传感器在其中发挥着重要的作用。手机除了通过光线传感器自动调节屏幕亮度外，还能通过距离传感器来检测手机是否贴在耳朵旁打电话，通过加速度传感器来计步，通过指纹传感器来进行加密、解锁、电子支付等。

案例

案例 3.2-2　主动降噪耳机

降噪耳机是指利用某种方法达到降低噪音的一种耳机。目前降噪耳机有两种：主动降噪耳机和被动降噪耳机。主动降噪耳机通过耳机上的麦克风收集到环境的低频段噪音，对这些声音信号进行快速分析，将其中的背景噪音、人声等进行分离，生成的反向声波与背景噪音信号相反，从而将噪音中和，而人声等有用信号则可以得到保留（图3.2-2），从而实现降噪的效果；被动降噪耳机主要通过包围耳朵形成封闭空间，或者采用硅胶耳塞等隔音材料来阻挡外界噪音。

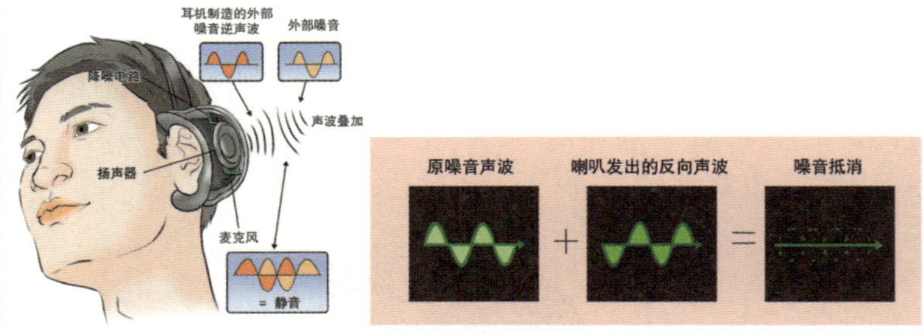

图 3.2-2　主动降噪耳机的原理示意图

主动降噪耳机通过感知外部噪声，快速计算反向声波，使两者相互抵消从而减弱外部噪音，这其实利用了反馈的原理。目前，生活中的许多信息系统都通过反馈实现了自动化控制，如家庭的恒温控制、安防感应和家电控制等。

2. 反馈与优化逻辑在信息系统开发中的体现

在开发一个信息系统时，如果用户对系统的目标不是很清楚，难以定义需求，这时最好使用反馈优化的系统开发方法，即原型法[38]。在用户的共同参与下可以改善和加快需求获取过程。首先不要求必须对系统进行全面、详细的调查和分析，而是本着开发人员对用户需求的初步理解，先快速开发一个原型系统，用户在运行使用整个原型的基础上，通过对其进行评价，然后反馈改进意见，开发人员对原型进行修改优化。反馈和优化过程反复进行，使原型逐步得到完善，直到完全满足用户的需求为止。整个优化迭代过程如图3.2-3所示。

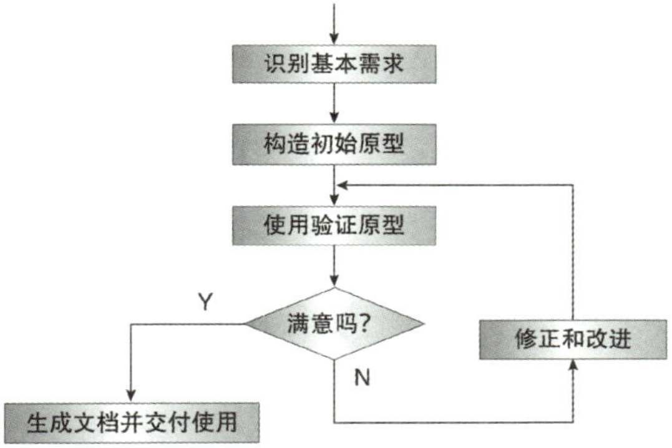

图3.2-3 原型法流程

案例

案例 3.2-3 原型法在深圳地铁自动售检票系统开发中的应用

深圳地铁自动售检票系统是基于计算机、通信、网络、自动控制等技术，实现轨道交通售票、检票、计费、收费、统计、清分、管理等全过程的管理信息系统。自动售检票系统开通后，通过乘客进站、出站刷卡，可以精确记录乘客乘车的起点和终点，准确掌握客流时空分布规律，实时统计各条线路及各车站的客流量，为地铁运营组织提供基础数据，应对客流变化，及时调整运力，缓解拥挤。

深圳地铁自动售检票系统的开发采用了原型法：采用了“快速建立需求规格模型法”确认用户需求；开发人员在了解用户基本需求的基础上，建立了一个符合用户要求的模型系统，然后将这个模型提交给用户使用，为用户提供了感性认识系统的机会；用户通过使用这个模型来确定该模型是否满足自己的需求，并根据使用的情况明确提出需要改进完善的要求；开发人员根据用户的反馈逐步明确用户的需求，加深对用户需求的了解；采用循环进化的方式，改进和优化系统的各项功能，解决使用过程中所发现的各种问题，逐步完善系统所需的各项功能，直到用户满意为止；系统开发人员和用户严格测试系统的功能，系统通过反复测试得以确认；系统开发人员将通过测试的模型转变成目标系统，并将系统投入使用。

（参考自《现代管理信息系统（第4版）》，清华大学出版社，郭东强）

原型法增进了系统开发人员和用户之间的沟通与交流，通过系统原型可以比较快速、准确地获得用户的需求，节省了开发时间，降低了开发强度，系统目标也能加快实现。

在“信息系统与社会”模块中，要让学生能从传感控制、信息系统开发等内容中深刻领会“反馈与优化”的思维规律，掌握构建信息系统的基本思想与方法，提升他们利用信息技术解决问题的能力，并在这个过程中逐步培养他们的学科核心素养。

第3节 开放共享与安全保护

“人类正从IT时代走向DT（data technology，数据技术）时代[39]”，人们对数据的使用、交换和共享能够更有效地配置资源、降低成本、提高效率。但在此过程中，会伴随着较大的安全风险问题。数据的非法获取、泄露及破坏扰乱了社会秩序和经济秩序，干扰了人们的正常工作、学习和生活，也给信息社会的健康有序发展造成了阻碍。

一、开放共享与安全保护的逻辑

新一轮信息技术革命与经济社会活动交汇融合，引发数据爆炸式增长，大数据的概念应运而生。这些数据既包括互联网数据，也包括政府数据和行业数据，是信息时代的全数据。数据已成为与物质、能源同等重要的基础性战略资源。

数据的价值在于应用。因此，政府部门和企业要将完整的、重要的、及时的数据向社会开放，同时实现政府部门之间的数据共享、跨行政区域政府间的信息共享、政府与企业间数据的合作和共享、企事业单位之间的数据共享等[40]。通过数据开放共享，人们利用大数据、云计算和人工智能等数据挖掘技术进一步将各类数据进行融合互联、交叉引用、深度创造，逐步实现对事件的数据画像和社会生活的行为预测，从中发现新知识、创造新价值、提升新能力、形成新业态。例如，开放天气、交通、医疗等数据，可以产生巨大的商业价值。“实施国家大数据战略，推进数据资源开放共享”曾经被纳入我国“十三五”规划建议。国务院印发的《促进大数据发展行动纲要》也要求，大力推动政府信息系统和公共数据互联开放共享，加快政府信息平台整合，消除信息孤岛，推进数据资源向社会开放。可见，在信息和知识经济时代，数据开放共享尤其必要，是一项基础设施，对社会经济的推动将产生很大的作用。

数据开放共享的价值日益显现，对数据的开发和应用正改变着当今世界。但是，数据开放共享也带来了一系列安全问题，如隐私泄露问题、知识产权侵犯、病毒破坏、信息系统被攻击等。

安全是开放的前提[41]。数据的开放共享涉及个人隐私、商业机密甚至国家信息等安全问题，数据应用存在数据开放性、共享性与安全性的矛盾。也就是说，如何在开放、共享中确保数据安全，这是数据应用中需要去平衡的现实困境。推动数据开放共享必须要有相应政策、法规及制度保障，同时要有切实可行的开放共享与安全保护共存技术的支持。在数据的使用和交换过程中，应当遵循“先保护再合理利用”及“共享发展”的原则，尽可能平衡和兼顾促进发展与保障权益两者的关系，要在依法加强安全保障和安全保护的前提下，实施数据的开放共享。保护好数据、挖掘有价值的数据，最终的目的都是为了用好数据，让其产生价值。

二、开放共享与安全保护逻辑的体现

在“信息系统与社会”模块中，开放共享与安全保护的逻辑主要体现在信息技术与信息社会发展等方面。

1. 开放共享与安全保护逻辑在信息技术发展中的体现

数据开放与共享的效率依赖信息技术的发展和传输技术的提高，反过来，数据的开放与共享也能促进信息技术的发展。例如，对信息系统而言，存在封闭系统与开放系统的区分。早期所有的计算机系统是封闭系统，一个公司提供了从硬件到软件及维修，甚至软件改版升级的服务。随着标准的开放，计算机系统逐渐转变成开放系统，如操作系统提供了可扩展的接口，方便安装软件以增强系统的功能。在开放的系统中，利用技术标准使不同的部分相互兼容。而随着经济全球化进程的加快，技术标准的国际竞争也日益激烈。在技术标准制定过程中，经常会有不同的标准互相竞争，这种标准之争往往能促进各企业的技术创新，并会通过市场选择机制使先进技术成为标准。

在IT产业中，开源也是信息开放共享促成的产品。“开源”指的是那些源代码或源设计可以被大众使用、修改、发行等，即用户可以利用源代码或源设计并在其基础上修改和学习，甚至重新发布。开源是一种软件或设计体的散布模式，如开源硬件“掌控板”和开源软件Python等都是这种模式的体现。

市场上开源软件层出不穷，很多人可能认为开源软件最明显的特点是免费，但实际上并不是这样的。开源软件最大的特点应该是开放，也就是在版权限制范围之内，任何人都可以得到软件的源代码，加以修改学习，甚至重新发布。因此，开源并不意味着没有版权，其同样也有版权，同样也受到法律保护。开源最大的目的是希望大家更多地使用它，并反馈使用过程中的问题或者改进方式，使软件或设计体进步得更快，能够更好地共享给更多有需要的人。“当源代码向全世界开放，你将会被多双眼睛检查同一配置。因而，一旦发现问题，代码拥有者也可以更快地进行修复。”这就是开源带来的意义。

案例

案例3.3-1　阿里开源10年，致敬千万开源人

2020年1月，阿里巴巴（以下简称阿里）对外发出了一封开源10年感谢信，致敬热爱开源的千万开发者。

一直以来，阿里很重视开源方面的工作。截至2019年12月，在全球最大的

开源社区GitHub[①]中，阿里的企业贡献在总榜中居第12位，在中国企业的贡献排名则位居榜首。其开源项目已经超过1 700个，Star数超75万，贡献者的数量已突破2万人。项目覆盖大数据、云原生、人工智能、数据库、中间件、硬件等多个领域，多个开源项目成为行业标准。

过去的几年，阿里云逐渐从一家单纯的云基础设施提供商，变成云的智能化提供商：从大数据、人工智能、物联网到协同办公，以及今后软硬件一体化的云平台，成为数字经济时代的基础设施。各行各业全面上“云”，前所未有的“云”上数字化转型场景成为开源软件最大的练兵场。云生态的本体核心始于共享，与开源本身一脉相承；最终殊途同归，走向普惠。

经历 20 年探索，阿里通过开源和云让技术的飞轮转动起来。阿里的工程师们通过代码这一种最直接的语言，通过开源这一种最简单的方式，寻找着技术路上的下一个突破点，寻找着技术对于社会创造的更多价值。开源是开发者最大的同心圆，他们将与千万开发者共同用技术普惠世界，创造更多技术红利。

（参考自《阿里10年风雨开源路，致敬所有开源人！》，雷锋网，2020-01-18）

阿里始终践行着“我们开放源码，更相信社区的力量”的诺言。开放社区，传播开源的理念，推广开源项目，为IT爱好者提供了一个发现、使用、交流开源技术的平台，是开源协作精神与创新的摇篮。

随着大数据应用的不断深入，数据的开放共享对数据的安全保护提出了更高的要求。安全已成为大数据发展的重要基石，在充分发挥大数据价值的同时，要解决好大数据安全保护的问题。除了制定相关的法律法规和政策以外，还需要采用相应的安全防护技术。数据安全技术主要涉及数据加密、访问控制、身份认证、安全审计等多个环节。

① GitHub：是一个面向开源及私有软件项目的托管平台。

案例

案例 3.3-2　区块链助力“一网通办”

北京海淀区决定将区块链技术运用于“不动产登记+用电过户”同步办理中。不动产登记与用电过户一并办理过程中，其核心就在于应用区块链技术解决了政府部门与电力部门信息共享的问题。之前人们办理用电过户业务需要携带4~6种证件，办理时长为5个工作日左右。目前，区块链技术打通了政务服务和公共服务之间存在的数据壁垒，办理时长不超过5分钟。

区块链作为一种安全性高、可促进信息共享互认的新兴技术，已广泛应用于金融、保险、电子存证等领域，发挥了数据高效共享、安全传输以及信用支撑的作用。更重要的是，区块链技术能实现各部门数据实时共享，有效辅助窗口人员及审批人员验证材料真伪。通过证照链、认证链、事项链等技术手段的运用，建立数据调用的互信共认机制，打通“数据烟囱”，实现“一网通办”。

（参考自《海淀区借助区块链技术促进“一网通办”》，新华网，2019-4-15；《区块链技术加快“一网通办”进程 带来更多“一签即成”高效服务》，人民日报，2019-7-10）

区块链的安全性体现在两个方面。第一，区块链每个节点的权力地位一样，如果一个节点被黑客攻击或者由于其他原因被摧毁，并不会影响整个系统的安全，也不会造成数据丢失。第二，区块链上每个节点的账本数据都是一样的，如果只对一个节点进行篡改没有任何意义。如果区块链系统发现两个账本的数据不是一样的，它就会自动认为拥有相同数据节点较多的账本是真实的，另一个则是被篡改的，拥有节点较少的数据账本就会被舍弃。

开放透明、不可篡改、对等互联、易于追溯。作为一种可信任的价值交换网络核心技术，区块链技术正成为数字世界解决信任问题、实现高效协同的最佳途径。例如，“区块链+电子票据”的组合已在医保报销、期货交易等领域发挥巨大作用。在医保报销领域，区块链技术给医疗电子票据的生成、传送、储存及使用等所有环节和整个过程都盖上“戳”。如果一张电子票据已经被报销，就不可能再被报销，因为它已经被区块链盖上“已报销”的“戳”，这就让商业保险报销变得更加可控。区块链技术已成功催生“无须纸质票据、无须出门办理，动动手指就完成异地医保报销”的便捷报销模式。区块链电子票据是以提供隐私保护和多方安全为目的，结合区块链不可篡改、可追溯的特性，为财政电子票据在查验、归集、报销入账等民生应用中提供技术保障的服务。

在信息交换中，“安全”是相对的。随着信息技术的发展和应用，数据安全的内涵在不断延伸，数据安全的标准在不断提升，数据安全在不断发展和变化。只有紧紧抓住“发展”和“变化”这两个特征，才能正确地处理和对待数据安全问题，以新的防御技术来阻止新的攻击方法。

2. 开放共享与安全保护逻辑在信息社会发展中的体现

开放与共享是信息社会发展的内在要求。云计算、物联网、移动互联网等新一代信息技术与经济社会各行业、各领域交汇融合，引发数据的爆炸式增长，数据已成为国家基础性战略资源[42]。国务院印发的《促进大数据发展行动纲要》中强调，要开发应用好大数据这一基础性战略资源。李克强总理敏锐地洞见到中国数据资源80%以上掌握在政府手中。《促进大数据发展行动纲要》明确，加快政府数据开放共享，推动资源整合，提升治理能力。政务数据蕴含着巨大的经济与社会价值，其开放与共享对于促进政府自身转型、社会需求获取模式转型以及产业经济转型都具有重要意义。在大数据时代应建立全面开放、协同共享、平等对待、知识产权保护和隐私保护等基本准则，以公共价值为基本取向全面实现政务大数据的开放与共享[43]，从而促进信息社会的不断发展。

案例

案例 3.3-3　多个国家推出数据开放的国家战略

从某种意义上说，“数据不仅可以治国，还可以强国”。为此，国际上“开放政府联盟”宣布成立，八国集团首脑签署了《开放数据宪章》。在此期间，英国、法国、加拿大和澳大利亚等西方发达国家和巴西、阿根廷等新兴国家纷纷推出数据开放的国家战略。各国的数据开放相关政策措施如表3.3-1所示。

表3.3-1　各国的数据开放相关政策措施

国家	数据开放相关政策措施	
	政策	措施
英国	《对公共部门信息的开放政策许可》《公共部门透明委员会：公共数据原则》《2013年至2015年英国开放政府伙伴关系行动计划》	成立世界上首个开放式数据研究所
法国	《开放数据发布指南》《数字共和国法》	投入3亿欧元资金用于政府部门和私人企业进行大数据合作
加拿大	《政府数据开放指导》《加拿大政府数据开放许可》《信息获取法管理指导》	加入开放式数据研究所，并在多伦多成立分部
澳大利亚	《澳大利亚政府信息政策与电子政务》《开放政府宣言》《数字经济未来发展方向》	成立Gov2.0工作组建立、实施政府信息公开计划
巴西	《信息获取法》《公共行政开放数据手册》	巴西作为创始国加入了开放政府联盟

数据来源：产业创新创投数据平台饮鹿网（innov100）

数据开放共享是大数据竞争战略核心。“信息资源日益成为重要的生产要素和社会财富，信息掌握的多寡、信息能力的强弱成为衡量国家竞争力的重要标志”，我国也一直致力于“拓展网络经济空间，推进数据资源开放共享，实施国家大数据战略”，从《政务信息资源共享管理暂行办法》到《“十三五”国家信息化规划》，再到《政务信息系统整合共享实施方案》《公共信息资源开放试点工作方案》。从顶层战略规划到行动方案，我国政府不断推进数据共享开放落到实处，力求提高数据开放质量，扩大数据价值传播范围。

（参考自《释放数据价值——共享开放》，产业创新创投数据平台饮鹿网（innov100），2018-07-09）

在该案例中，多个国家政府都出台了开放数据的政策措施。可以看出，政府在推动数据开放共享上起着核心作用。例如，《促进大数据发展行动纲要》提到，推动政府信息系统和公共数据的互联共享，通过政务数据的公开共享，推动信息社会的不断发展。

政务数据开放共享的趋势不可逆转。然而，政务数据涉及大量个人隐私甚至涉密信息，如何在开放的同时保护个人及国家数据安全，是所有政务及公共数据持有部门面临的首要问题，也是各级政府及公共服务机构推行政务大数据开放需要迫切加强建设的核心能力之一。

案例

案例 3.3-4　韩国：信息安全缺失危害实名制

韩国为了解决网络诽谤等问题，很早就进行了实名制管理的探索。2002年，它的15个政府部门就开始实施实名制，2005年的“狗屎女”事件（一女子由于未清理宠物狗在地铁里的排泄物而遭网民人肉与攻击，致其患精神疾病），实名制推向民间，开始进入立法阶段。2007年，信息通信部正式出台与网络实名制有关的法案。但随后发生了几起隐私泄露事件：2008年针对eBay（易贝）韩国子网站的黑客攻击，导致1 800多万用户个人信息外泄；2011年11月发生的韩国某电脑游戏公司遭黑客攻击事件中，大约1 300万名玩家的个人信息泄露；韩国现代资本服务公司和农协银行网络也曾遭黑客袭击，导致用户信息“暴露”；最严重的一次是2011年7月，韩国门户网站NATE网和著名社交网“赛我网”遭黑客攻击，造成3 500万名用户信息泄露。韩国政府终于退让：限制网站收集和登记用户身份证行为，实名制实质上宣告结束。

（参考自《韩国网络实名制破产：抵不过的隐私泄露》，经济观察网，2012-06-18；《韩国：信息安全缺失危害实名制》，新华网，张青，2012-12-26）

实名制在监督公共言论、规范网民行为、减少网络暴力、净化网络环境等方面发挥着有益的作用，但容易造成信息或隐私泄露。若信息保护制度缺失，就会产生信息安全问题。以上案例中，韩国的信息安全得不到保护，导致实名制实施不下去，这也凸显了加强网络信息保护的重要性。

近年来，信息安全被高度聚焦，“没有网络安全就没有国家安全[44]”成为共识。个人信息属于个人，其产生于互联网服务过程中，但并不意味着属于互联网服务的提供者，更不代表其可以随意使用。让信息安全保护跟上大数据时代的步伐，从制度层面、治理层面共同筑起防火墙，明晰数据共享与隐私保护之间的界限，对非法透视用户隐私的行为零容忍才能将信息安全建设得固若金汤。

在“信息系统与社会”模块的教学中，要充分把握其中的学科逻辑，让学生在学习相关知识与技能的同时，领会其中的学科思想与方法，提升学科核心素养。

第 4 章
“信息系统与社会”中的教学设计

“信息系统与社会”中的教学设计，要在继承并提炼信息素养的实质与内涵的基础上，承接核心素养对学生在本模块维度上的发展要求，基于发展学生学科核心素养，围绕学科核心概念和学科逻辑，设计和确定教学目标，分析和组织教学内容，设计和开展学习活动，构建和使用学习评价，从而高度聚焦必备品格和关键能力的培养。

第1节　确立学科核心素养的教学目标

《普通高中信息技术课程标准（2017年版）》指出，高中信息技术课程目标是全面提升全体高中学生的信息素养。课程目标规定了高中阶段的学生通过相关课程的学习，在关键能力和必备品格等方面期望实现的程度，是课程育人价值的集中体现。课程目标是较为抽象的教学要求，但对教学工作具有导向作用。教学是实施课程目标的主要途径，教学目标是对课程目标的细化。

教学目标是教学的出发点，也是归宿，它引领、支配着教学的全过程，并规定教与学的方向，是教学的灵魂体现[45]。因此，教师在开展教学活动之前，必须要弄清楚教这些内容的目的是什么，学生通过这些内容的学习将有哪些收获。也就是说，在确定教学目标时，要以课程目标为根本，依据不同的教学内容，挖掘其中能够发展学生学科核心素养的知识要点、能力要点和情感态度价值观要点，使学生达到知识、能力、情感态度价值观的综合提升，养成科学的思维方式和探究习惯，乐于用信息技术知识从实践的层面探讨和解决现实生活问题。为继续学习和走向社会积累知识、提高能力和培养情感态度价值观[2]。

一、明确教学目标制定的依据

普通高中新课程标准的出台，明确了学科目标从知识点的了解、理解与记忆，转变为学科核心素养的关键能力、必备品格与价值观念的培育[46]。明确基于信息技术学科核心素养的教学目标是教师进行信息技术教育教学的关键所在。教师要着重把握从“信息技术常识”到“学科核心素养”的转向，帮助学生发展信息素养，提升学生的计算思维，引导他们从学科思想与方法层面思考人、技术和社会的关系，合理应用信息技术处理问题，实现从“数字原住民”向合格的“数字公民”的发展。为此，教师在构建信息技术学科核心素养的教学目标时，要面向学科核心素养去处理学科知识，在关注学生学习内容的基础上，引导学生理解学习这些内容的目的和意义、掌握学习这些内容的方法以及运用这些内容进行交流分享的技能，进而深刻理解这些内容相互之间的内在联系。在综合分析学科知识结构、学生特点、社会需求的基础上，发展学生“了解学科对个体发展的根本目的，掌握学科专业的探究方法，懂得学科专业的交流方式，利用学科知识进行自我发展”等基本能力[47]。既不能脱离基本知识和技能空谈学科核心素养，也不能忽视学生发展的一般能力而孤立地讲专业知识。总而言之，教学目标的确定要依据学科核心素养、课程标准的内容要求、学业要求、学情等要素（图4.1-1）。

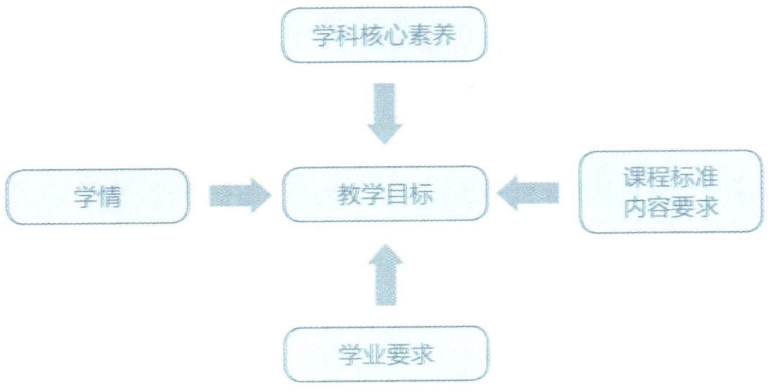

图4.1-1　确定教学目标的依据

高中信息技术学科核心素养是学生通过信息技术学习内化的带有信息技术学科特性的品质，是对三维目标的整合和重构，比三维目标更加凸显信息技术课程的育人功能。针对“信息系统与社会”模块，信息技术学科核心素养主要体现在学生能充分感知信息系统与信息社会，能了解人、信息技术与社会的关系，掌握信息系统解决问题的思想与方法，合理使用信息系统解决生活、学习中的问题，理解信息安全对当今社会的影响，能安全、守法地应用信息系统。

信息技术课程内容是学科核心素养培养的载体[7]。“信息系统与社会”模块的课程内容由信息社会特征、信息系统组成与应用、信息安全与信息社会责任三个方面组成。在确定具体教学目标时，要明确课程标准内容要求，确定内容中的主题线索、学科逻辑、核心概念等。

信息技术学业要求是学生完成相应课程学习之后的学业成就水平[7]。它用来检验和衡量学生学习的程度，主要解决“学到什么程度才算好”的问题，并对教学目标的确定起到一定的指导作用。学生在学习完“信息系统与社会”模块后，要能描述信息社会的特征，了解信息技术对社会发展、科技进步以及个人生活与学习的影响。知道信息系统的组成与功能，描述信息系统常用终端设备（如计算机、智能手机和平板计算机等）的基本工作原理；知道信息系统与外部世界的连接方式，了解常见的传感与控制机制，以及接入方式、带宽等因素对信息系统的影响；理解软件在信息系统中的作用，借助软件工具与平台开发网络应用软件。能构建简单的信息系统，积极利用各种信息系统促进学习与发展。在信息系统应用过程中，能预判可能存在的信息泄露等安全风险，掌握信息系统安全防范的常用技术方法；认识信息系统在社会应用中的优势及局限性，能够自觉遵守相关法律法规与伦理道德规范[1]。

“学情”是制定教学目标时需要考虑的重要依据之一。教学是为学生服务的，在针对一个教学内容如何开展教学时，要了解学生的认知水平，学生学习的困难点、盲点、兴奋点和兴趣点等，要考虑知识以外的情感、态度、价值观以及学习习惯等的养成。也就是说，在制定教学目标时，要考虑学生的学习经验和体会，制定出来的目标是否符合学生的前期认知基础和学习需求，是否是学生通过努力后可以达成的。学情涉及很多方面，如学生现有的知识结构、学生的兴趣点、学生的思维情况、学生的认知状态和发展规律等。

二、制定指向学科核心素养的教学目标

教学目标是课程目标在学科领域的分解、细化与落实，是对学科或课程具体内容进行教学的达标状态的描述[48]。每个教学活动的内容可能都包含着信息素养的特质，但要对特定的某些或某种信息素养有所侧重，这种特有的侧重就构成了课堂教学的目标指向。也就是说，教学目标是课程目标的组成部分，但它不一定是指向课程目标的全部指标。具体制定教学目标时，要依据学科核心素养、课程标准的内容要求、学业要求、学情等要素。

案例

案例 4.1-1 “信息系统的组成与功能”的教学目标确定

设计“信息系统的组成与功能”内容的教学目标时，要先罗列课程标准内容要求、学科核心素养要求、学业要求和学情等要素，如表 4.1-1 所示。

表 4.1-1 “信息系统的组成与功能”教学目标设计的依据

依据	要点
课程标准内容要求	通过分析典型的信息系统，知道信息系统的组成与功能，理解各要素在信息系统中的作用
学科核心素养要求	信息意识：能够描述现实生活中的信息系统及其对社会发展、科技进步、个人生活与学习的影响；在合作学习过程中，愿意与团队成员共享信息
	计算思维：通过查看与设计、实施和使用信息系统相关的因素，知道信息系统的组成与功能，理解各要素在信息系统中的作用
	数字化学习与创新：能适应数字化学习环境
	信息社会责任：对信息系统创新所产生的新观念和新事物具有积极学习的态度，能够客观评价信息系统的作用，并自觉遵守相关法律与伦理道德规范

续表

依据	要点
内容要求	通过案例分析，知道信息系统的组成要素；通过分析信息系统的应用实例，认识信息系统的功能
学情	学生已具有一定的信息系统应用的经验，对信息系统的组成和功能有初步的了解；具备利用数字化学习工具和学习策略管理学习过程和获取学习资源的能力，但缺乏对信息系统的整体认知

根据上表所列的依据和要点，可设计出“信息系统的组成与功能”的教学目标及重点、难点。

教学目标：知道信息系统的组成与功能；能够剖析典型的信息系统；通过信息系统实例的体验和探究，掌握剖析典型信息系统的一般方法；经历小组合作、自主探究的过程，产生继续学习信息系统的欲望。

重点：信息系统的组成与功能。

难点：剖析典型的信息系统。

“信息系统的组成与功能”是“信息系统与社会”模块中一个重要的内容单元。从“知道信息系统的组成与功能，理解计算机、移动终端在信息系统中的作用”这个课标内容要求中，可以梳理出信息、信息技术、信息社会、系统、信息系统等学科核心概念，在教学中需要把握这些概念的内涵及其关系。分析整个模块内容的逻辑，可以看出，此内容既承接信息、信息技术以及信息系统概念等内容，又是后续信息系统各要素、信息系统搭建等内容的基础，在整个模块中起到统领的作用。从“知道信息系统的组成与功能，描述信息系统常用终端设备的基本工作原理”等学业要求来分析，本内容的教学目标不仅要让学生“知道信息系统的组成与功能”，而且要具备

“能够分析典型的信息系统”的能力。从学科核心素养的视角分析，本内容的学习需要落实以下几点：在数字化学习环境下（数字化学习与创新），知道信息系统的组成与功能，理解各要素在信息系统中的作用，掌握剖析典型信息系统的一般方法（计算思维）；能够关注未来信息系统的发展方向，产生继续学习信息系统的欲望（信息意识、信息社会责任）。在此基础上，结合学情，充分挖掘内容中能够发展学生学科核心素养的知识要点、能力要点和情感态度价值观要素，明确各要素的落脚点，从而确定教学目标和重点、难点。

第2节 依据教学目标设计教学过程

教学目标是学习活动实施的方向和预期达成的结果，是教学内容组织、学习活动展开和学习评价设计的依据，它对于教学过程的设计具有十分重要的意义。同样的，教学过程设计是有效实现教学目标的重要保障。要做好课堂教学过程设计，就要围绕教学目标，合理组织教学内容，把握好课堂的重点、难点，充分考虑学生的学习状态，创设各种学习活动，厘清设计意图，科学制定出相关的程序。

一、教学内容的组织

教学内容组织是指把零散的教学内容按照一定的方式、方法进行安排，使其组成具有一定结构的整体[49]。新课标倡导教学设计要从设计一个知识点或课时转变为设计一个单元。一个单元由素养目标、课时、情境、任务、知识点等组成，单元就是将这些要素按某种需求和规范组织起来，形成一个有结构的整体[33]。为此，教学内容的组织要避免知识的碎片化，需要依据学科核心素养的要求，结合具体的教学内容，运用相应的学科逻辑来合理组织学科核心概念，将相关知识或内容结构化。“信息系统与社会”模块主要围绕“信息系统”“信息社会”两个学科大概念和“系统与模块”“反馈与优化”“开放共享与安全保护”等学科逻辑来组织内容。相应地，该模块的各章节、各单元以及各课时的教学内容，也可利用“信息系统”“信息社会”两个学科大概念中细化出的核心概念（信息、信息技术、信息社会、系统、信息系统、人机交互、物联网、移动终端、协议、云计算、信息安全、信息法律、信息伦理等）和学科逻辑来进行组织。

在实际的教学过程中，分析和组织教学内容是教学过程设计的一项重要工作。分析教学内容就是鉴别教学内容的性质及其组成，把握其中的核心概念。并在此基础上，把综合的、复杂的整体内容分解为各个相对独立、简单的部分，确定各个部分之间的联系，明确其中的学科逻辑。组织教学内容就是把经过分析而划定的各个部分，按照一定的方式、方法进行安排，或把分散的、零散的内容组成具有一定结构的整体。因此，教师要根据具体的教学内容、学生经验、内容间的关联度与梯度等因素，对教材内容进行再组织，形成具有个性特征的、带有实践性的知识。同时，组织教学内容时，不仅要重视内容结构，更要关注学生的认知特点和学习的认识过程，要将知识结构与学生的认知结构有机地结合起来。这也是人们常说的“用教材而不是教教材，及创生教材”的意蕴。

案例

案例 4.2-1 “信息系统的组成与功能”的内容组织

根据案例 4.1-1 中设定的教学目标，通过对典型信息系统的剖析，知道该信息系统处理的信息，以及这些信息的传递路径、这些信息的交流与处理需要的支撑技术，从而能总结出该信息系统的组成与功能。为此，该内容可分成“组成”与“功能”两部分，而“组成”包括硬件、软件、通信网络、数据、用户；“功能”包括数据输入、数据存储、数据传输、数据处理、数据输出。内容组织关系如下一页图 4.2-1 所示。

该教学内容的组织，可围绕“数据”“信息”“信息系统”等概念，考虑在“信息输入、处理、呈现”过程中分别实现的功能和组成要素，可将内容分为“组成”与“功能”两大部分。再运用“系统与模块”的逻辑，使该教学内容具有更清晰的结构。即对于某个信息系统而言，它首先是一个具备特定结构或功能的有机整体，其次，从组成与功能来看，它由一组相互关联或相互作用的元素组成。

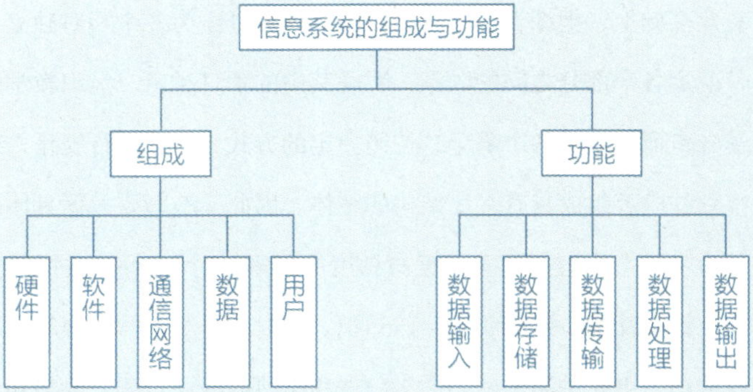

图 4.2-1 “信息系统的组成与功能”内容组织关系

以概念和学科逻辑来组织教学内容，可以使学生对所学内容的基本结构有比较深刻的认识，能够促进学生形成对教学内容的整体认知。在“信息系统与社会”模块中，要围绕学科核心概念和学科逻辑，通过分析找出知识点以及各个知识点之间的联系，把教学内容按照知识的内部逻辑关系进行组织，使其呈现清晰的结构，从而使所学内容与学生认知结构中的有关知识产生关联。

在教学设计中，应根据具体的教学内容、教学目标和学情等来合理地组织教学内容，达成设定的教学目标，从而逐步培养学生的学科核心素养。

二、学习活动的创设

教学内容是形成学科核心素养的载体，而学习活动是形成学科核心素养的渠道，它对学科核心素养的培养具有独特的价值。教师要为学生提供主动理解学习内容、自主建构知识的学习活动。学习活动设计要从关注教师“教”的活动转向关注学生“学”的活动，以指向学科核心素养的教学目标为导向，创设基于真实问题情境的学习任务，设计多样化的活动交互形式，促使学生主动参与、乐于探究、勤于动手。学生在学习活动中体验、思考、建构知识，从而不断提升学科核心素养。

学习活动的创设，要从期望学生“学会什么”出发，逆向设计“学生何以学会”的过程[33]。注重真实情境下的问题解决活动设计，让学生在真实的情境中完成某项任务，实现知识意义的感受与理解，在学习活动中逐步形成关键能力、必备品格与正确价值观。

案例

案例 4.2-2　“信息系统的组成与功能”的学习活动设计

根据案例4.2-1中组织的教学内容，为达成教学目标，可基于项目来设计学习活动。

（一）“吹气球”活动

请学生上讲台“吹气球”，往智能板上的声音传感器吹气，显示器中的“气球”大小会发生变化（图4.2-2）。通过修改程序中的数值（由5 000改为3 300，如图4.2-3所示），让学生经历“吹不破”到“吹破”的过程，并引导学生思考：为什么“气球”会根据吹气的力度大小产生变化？最后是如何被“吹破”的？

图 4.2-2　学生“吹气球”

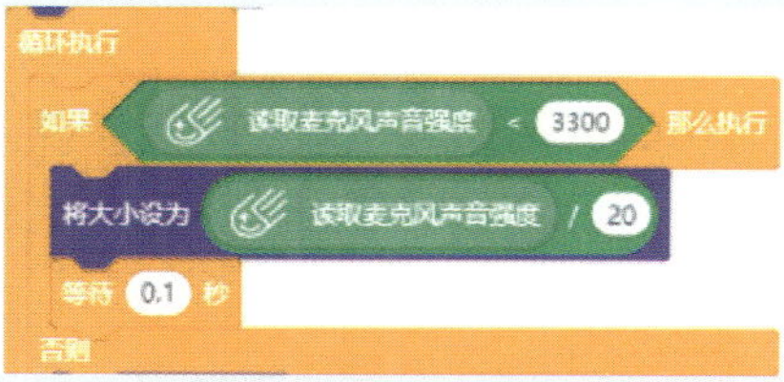

图 4.2-3　修改参数界面

【活动意图】

以“吹气球”活动来激发学生的参与热情与学习兴趣，让学生对信息系统的概念有更清晰的认识。同时，通过修改参数值，为后续分析信息系统作铺垫。

（二）观察、分析“吹气球”信息系统

1. 分析“吹气球”实例，引导学生观察处理的数据为：声音数据。

2. 根据数据的流转过程“采集—存储—传递—处理—输出”五个环节，引导学生总结归纳出信息系统的功能：数据输入、数据存储、数据传输、数据处理和数据输出。

3. 根据每个功能实现所需的要素，梳理出信息系统的组成要素：硬件、软件、通信网络、数据和用户。

【活动意图】

通过观察和分析“吹气球”信息系统，得出该信息系统处理的数据为声音数据，并从数据流转过程的五个环节，梳理出信息系统的组成与功能。

（三）升级“吹气球”信息系统

1. 参考下面的导学案，让学生举例说明“吹气球”信息系统的功能，并提出相应的改进方案。

“信息系统的组成与功能”导学案

（1）参照12306网上售票系统功能分析表（表4.2-1），举例说明“吹气球”系统的功能。

表4.2-1　12306网上售票系统功能分析表

序号	功能类别	功能举例
1	数据收集和输入功能	（1）管理员输入各种车次、站台的信息 （2）用户输入各种个人信息，如身份证号码、常用联系人
2	数据的输入功能	
3	数据的传输功能	

（2）从信息系统组成与功能的角度考虑，提出“吹气球”系统的改进方案。

2. 总结归纳出以下的改进思路。

单智能板→多智能板——输入/用户
有线→无线——传递/通信网络
无人工智能→人工智能——处理/软件
单一传感器→多样传感器——输入/硬件
单机→服务器/云平台——处理/硬件（软件）
单一数据→多样数据——存储和输出/数据

【活动意图】

通过导学案引导学生分析“吹气球”信息系统的改进方案，让学生运用所学知识、思想与方法来解决问题，既巩固新知，又激发学生的创新思维。

（四）实践体验升级版的信息系统

1. 学生实践体验升级版“吹气球”信息系统，并思考：升级后的系统在哪些方面已经实现了前面提出的改进思路？

2. 探究升级版系统的实现原理。

【活动意图】

学生通过体验升级版的系统，对“升级后的系统在哪些方面已经实现了前面提出的改进思路”问题进行思考，在这个过程中，学生需要运用前面所学的知识、思想与方法进行分析，并探究升级版系统的实现原理，激发他们的探究欲望。

在“信息系统的组成与功能”内容的学习活动中，教师创设了“吹气球”信息系统的项目，设计了“‘吹气球’活动→观察、分析‘吹气球’信息系统→升级‘吹气球’信息系统→实践体验升级版的信息系统”等真实情境的学习任务，让学生在问题解决中建构知识。例如，在学生掌握了“信息系统的组成与功能”的基础上，解决“系统如何改进”的问题，探讨“系统的升级是如何实现”的问题，这都需要学生选择已学的知识，根据具体的问题解决模式来重新组织和优化这些知识，在解决问题的过程中建立已有知识与新知识的联系，并将其组织化，建构起较为完备的知识结构，使知识之间具有意义的联系，以实现对知识的迁移与应用，以此来达成教学目标，落实学科核心素养的培养。

在“信息系统与社会”模块教学中，教师可通过对典型信息系统的案例分析、项目学习与实验探究等方式，引导学生学习信息系统知识，合理使用信息系统解决生活、学习中的问题，理解信息社会的特征，具备信息社会责任意识。此外，在教学过程中也可以结合地方的实际情况，组织学生参观学校或其他机构中运行的信息系统，开展信息系统的综合实践活动，体验信息系统的行业应用，了解信息系统建设的全过程（包括设计、构建、运行、管理、维护等）。注重激发学生对信息系统和参与创造性活动的兴趣，结合实际条件，把信息系统基础知识和基本技能整合到学生的日常学习和生活中，避免技术与应用、理论与实践脱节。为此，学习活动的设计要依据所组织的内容，遵循相关的学科逻辑，目标指向学科核心素养的落实。

三、学习评价的设计

学习评价是教学实施过程中不可或缺的环节。新修订的高中信息技术课程标准以信息技术学科核心素养统领信息技术课程建设，课程的任务在于促进学生形成信息技术学科核心素养，因此，学习评价也应基于信息技术学科核心素养来展开。

核心素养关注个体解决真实的专业领域和现实生活问题时所需的关键能力或必备品格，强调个体学会学习的意识和能力、面对不良结构问题时创造性运用知识的能力和批判性思维，以及解决问题过程中的交流、沟通与合作能力。因此，学习评价不应仅以评价学生学习结果为目标，而应关注学生学科核心素养的形成过程。在基于学科核心素养学习评价设计时，要充分认识学生原有的认知水平、学习风格、个性特征等，充分认识活动内容、活动项目（或问题或任务）、活动流程、活动组织、活动成果等，从知识、情境、学科核心素养水平三个维度去展开，关注在真实情境中学生所学的知识、展示出来的技能、表现出来的情感与态度、推论行为背后的价值观等，并要能区分出不同的水平等级。

在开展学习评价的同时，要体现评价对学生素养发展的促进作用，通过评价引导学生积极参与各种学习活动，促进学生的学习，也为教师及时调整和改进教学提供依据。教师在设计学习评价时，评价内容应适应学生信息技术学科核心素养的发展需要，应包含学习内容、学生参与、学生贡献、资源利用等方面，即从知识、技能、情感等方面全面衡量学生的学习状况；在评价主体上，可根据实际情况采用多元主体，利用学生互评来促进学生间的交流与合作，提升学生的信息意识和数字化学习与创新能力，利用学生自评促进学生的自我反思能力，利用教师评价实现评价对学生的引领作用；在评价手段上，应充分发挥信息技术课程独有的信息化环境的优势，可采用更多的信息化评价工具，利用网络化的评价信息采集和展示手段，使评价能为所有学生提供足够丰富的反馈信息，提高学习评价的效率，同时又能渗透数字化学习与创新的素养培养。

案例

案例 4.2-3　“信息系统的组成与功能”的学习评价设计

根据案例4.1-1确定的教学目标，可设计学习评价表（表4.2-2），对“信息系统的组成与功能”项目实施的过程、效果以及成果展示交流的结果等方面进行评价。

表4.2-2 “信息系统的组成与功能”学习评价

评价条目	说明	评分（1~5）	评分主要依据阐述	后续完善方向
信息系统的组成	能总结出信息系统的组成要素，认识各要素在信息系统中的作用			
信息系统的功能	能总结出信息系统的功能，认识到信息系统的优势与局限性以及发展趋势			
剖析信息系统	能掌握剖析典型信息系统的一般方法，分析出信息系统的组成与功能			
新技术的发展趋势	能关注新技术的发展，具有探究新技术的欲望			
交流分享	能参与小组讨论并发挥积极作用			

按照案例4.2-2中设计的学习活动，采用“吹气球”信息系统的项目展开学习，以真实情境问题解决的形式层层深入。因此，学习评价方案可从学习内容、学生参与、学生贡献等方面去设置评价条目，主要关注学生在掌握每个知识要点的过程中形成的学科核心素养，即信息系统的组成与功能、剖析信息系统、新技术的发展趋势以及交流分享等方面表现出来的关键能力和必备品格。同时，设置“评分主要依据阐述”和“后续完善方向”栏目，促进和引领学生进一步思考与发展。

第3节 指向学科核心素养的教学设计实例

一、指向学科核心素养的教学设计呈现框架

教学设计是着眼学科核心素养培养、立足教学内容和学生实际、思考策划教学实践的过程，各个因素之间存在相互支撑、相互影响的关系，虽然教学设计过程具有非线性的结构特点，但教学设计的呈现可以用一个先后顺序来表达教学设计的思考过程及实施过程，具有线性的特征。教学设计的呈现既可以为教学实施提供具体的支撑，又可以为后续的教学研究提供思想和素材。基于学科核心素养的教学设计，可以参考表4.3-1所示的顺序展开。

表4.3-1 教学设计呈现顺序

编号	描述环节	主要内容及意图
1	课程标准内容要求	摘录课程标准中内容要求的相关条目，为后续分析提供支撑
2	学科核心素养	着眼学科核心素养的四个要素（信息意识、计算思维、数字化学习与创新、信息社会责任），分析核心素养的具体落实要求。具体可参考本书第1章的相关内容来展开
3	学业要求	根据学科核心素养和内容要求，明确相关的学业要求
4	教学内容分析	根据课程标准中的内容要求，确定教学内容，挖掘其中的核心概念以及学科逻辑，明确该内容在整个模块中的地位和作用，确保教学内容的处理能围绕课程标准进行

续表

编号	描述环节	主要内容及意图
5	学情分析	从学生的知识经验、思维特点、实践能力等方面描述学生的水平特点，从中分析为了达成教学目标，教学中应如何针对学生情况，制定相应策略去突破教学重点和难点
6	教学目标	对所需要落实的核心素养进一步细化，可以结合知识与技能、过程与方法、情感态度价值观等内容（注意要从素养角度去阐述），同时可适当呈现教与学的互动关系。在此基础上确定教学重点和难点。教学重点主要指对教学目标达成、对其他相关教学起着决定性作用相对应的教学内容；教学难点指的是对于学生来说较难理解、掌握的部分内容。有些教学重点可能也是教学难点
7	教学活动设计	立足学生实际，结合“信息系统与社会”模块中特有的学科逻辑，进行线性的实际教学实施过程的描述
8	针对学科核心素养培养的设计	阐明教学活动中学科核心素养落实的具体情况

二、“信息系统与社会”中的教学设计实例

案例

案例 4.3-1 信息系统的组成与功能

（一）课标内容要求

- 通过分析典型的信息系统，知道信息系统的组成与功能，理解各要素在信息系统中的作用。

（二）学科核心素养

- 信息意识：能够描述现实生活中的信息系统及其对社会发展、科技进步、个人生活与学习的影响；在合作学习过程中，愿意与团队成员共享信息。
- 计算思维：通过查看与设计、实施和使用信息系统相关的因素，知道信息系统的组成与功能，理解各要素在信息系统中的作用。
- 数字化学习与创新：能适应数字化学习环境，能在数字化学习环境中开展协作学习和自主学习。
- 信息社会责任：能够客观评价信息系统的作用，对信息系统创新所产生的新观念和新事物具有积极学习的态度，并自觉遵守相关法律与伦理道德规范。

（三）学业要求

- 通过案例剖析，理解信息系统的定义和组成要素。
- 通过分析信息系统的应用实例，认识信息系统的功能。

（四）教学内容分析

此教学内容来源于高中信息技术必修2“信息系统与社会”。教学目的是通过引导学生剖析具体案例，并结合生活经验，让他们知道信息系统的组成要素和功能。这部分内容是了解了信息系统的概念后，逐步深入学习信息系统的必备内容，与后续的支撑技术、系统安全以及系统搭建等内容都有直接的内在关系，在整个模块中起到统领的作用。本内容主要建立“信息系统”这个学科大概念，在此大概念的主导和贯穿下，关联以下核心概念：系统、信息系统、信息技术、信息、物联网、移动终端、云计算、信息社会等。让学生通过“系统”的观念认识信息系统，认识到信息系统本身也是一种系统，它不限于硬件或软件，而是一个综合的、相对完备的整体，具备明确的功能；它由规模相对更小、更独立的子系统、模块或部件组成；它不限于开放还是封闭，根据功能需要的反馈进行升级优化。让学生意识到信息技术的发展，信息系统的研发和升级换代，是推动信息社会发展的重要因素。

（五）学情分析

大多数学生在日常生活、学习中都通过各种渠道直接或间接使用过信息系统，对信息系统应用有一定的生活经验和感性体验，对其组成和功能有零星的了解。这是学习本节有利的方面。但信息系统对学生而言比较抽象，之前他们可能没有意识到自己使用过的设备、工具或平台等都与信息系统相关，对信息系统的认识不够系统和深入，缺乏对信息系统的整体认知。因此，要引导学生实现由抽象到具象、由感性到理性的转变，要培养批判性思维和提升创新能力，这些都是本节课需要重点突破的方面。

（六）教学目标

- 知道信息系统的组成与功能。
- 能够剖析典型的信息系统。
- 通过信息系统实例的体验和探究，掌握剖析典型信息系统的一般方法。
- 经历小组合作、自主探究的过程，产生继续学习信息系统的欲望。

（七）重点和难点

- 重点：信息系统的组成与功能。
- 难点：剖析典型的信息系统。

（八）教法学法

本课的教学内容有一个明显的特征，即概念多，涉及的面比较广，是后续内容的基础。要让学生先进行相关活动，然后根据活动结果引导学生归纳、总结、延伸，学生通过活动有所感悟。因此，可采用项目学习来解决重点，突破难点，并对学生的学习方法进行指导，鼓励学生采取自主探究、小组合作的学习方式，变被动为主动，在活动中理解运用知识，领悟其中的学科思想与方法。

（九）教学准备

准备多媒体课件、掌控板物联网系统、导学案。

（十）教学活动设计

1. 情境创设，引入新课

（1）请学生上讲台参加“吹气球”活动（提醒学生USB线的连接）。学生往智能板上的某个点集中吹气，显示器中的“气球”会产生大小变化。通过修改程序中的数值（由5 000改为3 300），让学生经历“吹不破”到“吹破”的过程。并引导学生思考：为什么“气球”会根据吹气的力度大小产生变化？最后是如何被“吹破”的？

（2）经过分析，指出“吹气球”信息系统，并让学生举例说说身边的信息系统，在此基础上揭示本节课的课题。

【设计意图】创设情境，以有趣的活动引入新课，有效激发学生的参与热情与学习兴趣，促使学生进入学习状态。以“吹气球”系统为例指出信息系统的概念，并引导学生找出身边的信息系统，使学生对信息系统的概念有更清晰的认识。同时，通过提醒，如USB线的连接，让学生感知到数据是通过数据线进行传递，并为后续“有线到无线”的改进作铺垫；通过“集中往某个点吹”，引导学生对传感器的关注。通过参数值的修改过程，让学生感知到程序，便于后续分析系统的组成。

2. 观察分析，学习新知

（1）分析“吹气球”实例，引导学生观察系统处理的数据为：声音数据。

（2）根据图4.3-1所示数据的流转过程“采集—存储—传递—处理—输出”五个环节，引导学生总结归纳出信息系统的功能，如图4.3-2所示。

图 4.3-1　数据流转环节

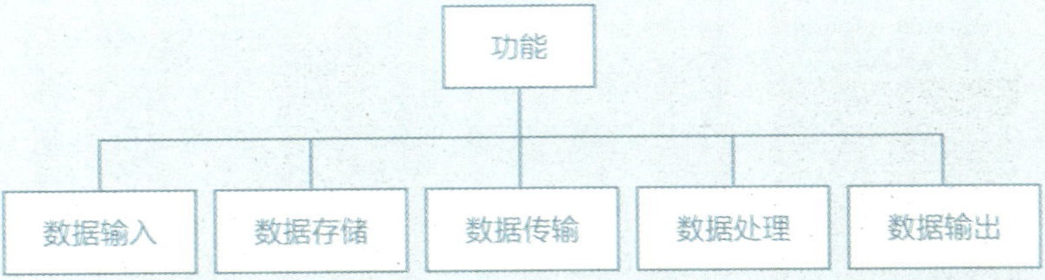

图 4.3-2　信息系统的功能

（3）根据实现每个功能所需的要素，梳理出信息系统的组成，如图 4.3-3 所示。

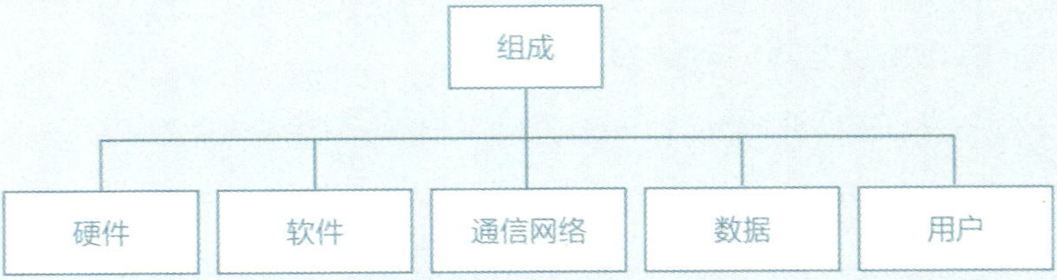

图 4.3-3　信息系统的组成

【设计意图】“吹气球”系统为学生提供了一个具象的信息系统，有利于学生通过观察以后进行分析。并以“数据”为抓手，将数据流转过程分解成五个环节，便于学生对系统功能的总结与归纳，加深对数据和信息系统概念的理解。在此基础上再来梳理系统的组成，就变得水到渠成。这样，既突出本节课的重点，又利于渗透“将大问题分解成小问题”的模块化思想，并提炼出剖析信息系统的一般方法，为后续剖析系统作铺垫，也很好地落实了学科核心素养。

3. 实践体验，迁移应用

（1）通过导学案（见案例 4.2-2 的导学案），让学生分小组讨论，完成对“吹气球”系统的功能举例和改进方案。

（2）总结梳理出改进思路（见案例4.2-2，117页的改进思路）。

（3）提供“吹气球”系统的升级版。分小组让学生实践体验，如图4.3-4所示。并引导学生思考：升级后的系统在哪些方面已经实现了前面提出的改进思路？

图4.3-4　学生实践体验与显示界面

（4）鼓励学生质疑。学生会产生类似的疑问：“数据能在手机上动态显示，是如何实现的？”

（5）对问题进行释义。分析其实现过程，如图4.3-5所示。

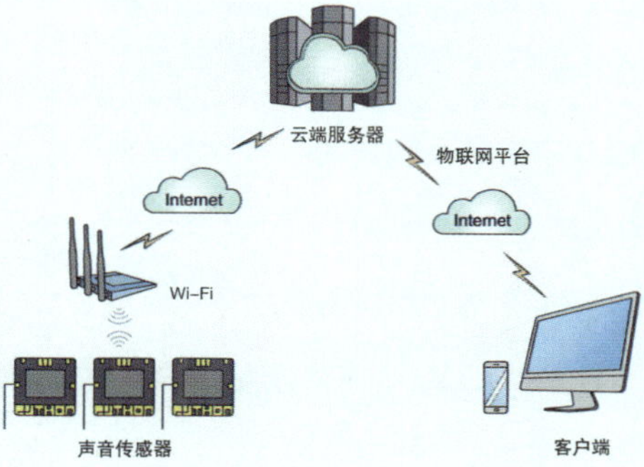

图4.3-5　升级版系统实现原理

（6）通过“智能农业大棚”实例来体现“从人跑路到数据跑路”的转变，如图4.3-6所示。

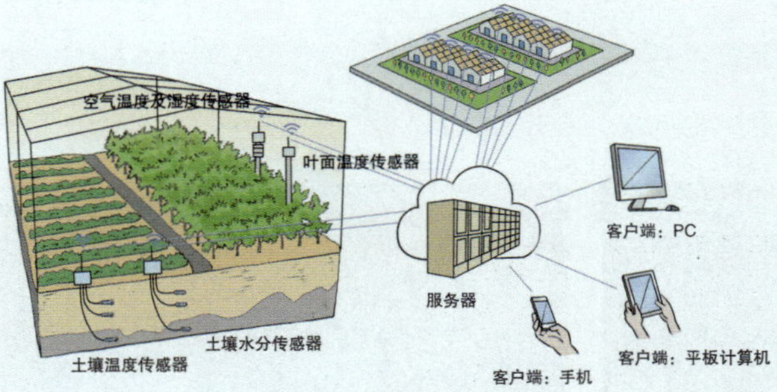

图 4.3-6　智能农业大棚

【设计意图】

通过对“吹气球”系统的分析，学生在掌握了相关的知识、思想与方法以后，要能迁移到类似问题的解决中。

首先，通过导学案，让学生在巩固新知的同时思考对“吹气球”系统的改进方案。学生基于新知，充分发挥想象力，通过小组同学的相互讨论，大致能得出几个方面的改进思路。而这些改进思路的背后其实是对系统组成与功能的再思考，如“单智能板到多智能板”是从输入功能和用户的角度提出的，“有线到无线”涉及传输功能和通信网络，等等。这样，既巩固新知，又激发学生的创新思维。

其次，学生通过对升级系统的实践体验，对“升级后的系统在哪些方面已经实现了前面提出的改进思路”问题的思考，在这过程中，学生需要运用前面所学的知识、思想与方法进行分析。创设这样的迁移应用环节，实现由感性认识到理性分析的转变，使学生掌握剖析信息系统的一般方法，从而突破本节课的难点。同时，对学生可能提出的“人工智能”“多样传感器”等进行改进，提供的升级版系统还没能实现，可以给出实现的思路和方向，从而激发学生的探究欲望。

最后，鼓励学生大胆质疑，进一步激发学生的学习兴趣。围绕问题进行释义，分析升级版系统的实现原理，让学生带着问题进行知识的内化。同时拓展“物联网”“大数据”“云计算”等新技术的运用，强化“数据”“算法”学科大概念的学习。这样，在实现知识、思想与方法的意义建构的同时，引导学生对新技术发展的关注，同步落实信息社会责任的培养。

4. 评价小结，拓展延伸

（1）小结本课的学习，并让学生进行评价（填写并提交表4.3-2）。

对自己的表现进行客观的评价（表4.3-2），并思考后续完善的方向。（5：优秀；4：超出一般水平；3：满意；2：有待改进；1：不太理想）

表4.3-2 “信息系统的组成与功能”学习评价

评分项	分值				
能掌握信息系统的组成	1	2	3	4	5
能理解信息系统的功能	○	○	○	○	○
能分析典型信息系统的组成与功能	○	○	○	○	○
能对新技术的发展引起关注	○	○	○	○	○
能参与小组讨论，积极发挥作用	○	○	○	○	○

（2）播放“共享单车”信息处理过程的视频，让学生对其组成与功能进行分析，如图4.3-7所示。

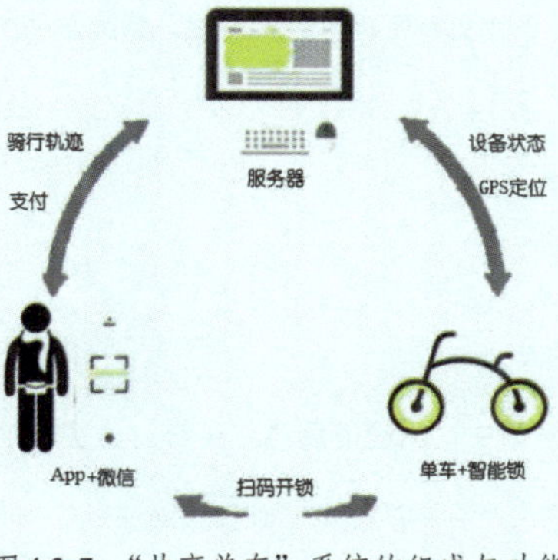

图4.3-7 “共享单车”系统的组成与功能

【设计意图】通过小结和评价，巩固本节课所学知识、思想与方法。并引导学生对信息社会中的信息系统的关注与思考，如“学习评价”系统、“共享单车”系统、“学校出入”系统等。总结利用信息系统解决问题的思想与方法，正确理解人、信息技术和信息社会的关系。

（十一）针对学科核心素养培养的设计

通过“吹气球”系统的引入，引导学生关注生活中的信息系统，认识和理解信息系统的应用以及对社会的影响。在此过程中，增强学生在解决问题时使用信息系统的敏感性，以及对信息系统判断的意识和能力，增强信息意识；利用掌控板开源硬件，创设良好的数字化学习和探究环境，提升学生的数字化学习与创新能力。

通过对“吹气球”系统的分析和改进，让学生运用“系统与模块”“反馈与优化”“开放共享与安全保护”等学科逻辑，通过“系统”观念来认识信息系统，知道信息系统的组成与功能，掌握剖析信息系统的思想与方法，提升计算思维。

通过对“吹气球”系统的拓展以及引入“智能农业大棚”“共享单车”等系统，引导学生关注新技术带来的影响，对信息社会的思考，激发学生对信息系统创新所产生的新观念和新事物具有积极学习的态度，增强他们的信息社会责任。

案例

案例 4.3-2　信息系统的应用

（一）课标内容要求

• 在日常生活与学习中，合理使用信息系统，负责任地发布、使用与传播信息，自觉遵守信息社会中的道德准则和法律法规。

- 通过搭建小型信息系统的综合活动，体验信息系统的工作过程，认识信息系统在社会应用中的优势及局限性。

（二）学科核心素养

- 信息意识：能够根据解决问题的需要，自觉、主动地寻求恰当的方式获取与处理信息。
- 计算思维：总结利用计算机解决问题的过程与方法，并迁移到与之相关的其他问题解决中。
- 数字化学习与创新：能够认识数字化学习环境的优势和局限性，适应数字化学习环境，养成数字化学习与创新的习惯；掌握数字化学习系统、学习资源与学习工具的操作技能，用于开展自主学习、协同工作、知识分享与创新创造。
- 信息社会责任：对于信息技术创新所产生的新观念和新事物，具有积极学习的态度、理性判断和负责行动的能力。

（三）学业要求

- 能构建简单的信息系统，积极利用各种信息系统促进学习与发展。
- 在信息系统应用过程中，能预判可能存在的信息泄露等安全风险，掌握信息系统安全防范的常用技术方法。
- 认识信息系统在社会应用中的优势及局限性，能够自觉遵守相关法律法规与伦理道德规范。

（四）教学内容分析

本节教学内容来源于高中信息技术必修2“信息系统与社会”。通过体验信息系统应用的项目活动，分析并了解信息系统应用的分类，归纳和总结信息系统的优势和局限性。对信息应用系统进行反思，提出信息应用系统流程和功能的优化方案，为后续完成信息系统的搭建打下基础。本内容主要建立信息系统和信息社会这两个学科大概念，在大概念的主导和贯穿下，关联以下的核心概念：信息系统、信息技术、信息、人机交互、信息社会、信息安全、信息法律、信息伦理等。让学生在进一步理解信息系统的基础上，通过“反馈与优化”“开放共享与安全保护”等学科逻辑，认识到信息社会的一个重要现象是信息系统的普及和人们对这些系统的广泛应用，用户的需求能促进信息系统功能的不断升级与优化，信息系统在使用过程中存在信息泄露等安全的风险，需要相关的信息法律和信息伦理甚至技术措施的保护，并激发学生学习的动力，为完善信息系统的性能、逐渐突破其局限性而尽自己的责任，从而树立正确的信息社会价值观和责任感。

（五）学情分析

学生具有一定的信息系统应用的经验，能用一些数字化学习工具和学习策略管理学习过程、获取学习资源，对信息系统的组成和功能有较为充分的了解。

（六）教学目标

- 了解信息系统应用的分类，掌握生活中常见信息系统的使用。
- 通过信息系统的应用实例体验，掌握信息系统在社会应用中的优势及局限性。
- 利用数字化学习工具开展任务学习，掌握利用数字化工具学习信息系统的方法。
- 通过对信息系统应用的反思，有意识培养学生知识分享与创新的习惯。

（七）教学重点与难点

- 重点：体验常见的信息系统，掌握信息系统的优势和局限性。
- 难点：根据体验信息系统的经历对信息系统进行反思，创造性地应用系统优化的建议或设计思路。

（八）教学活动设计

1. 新课导入

教师引导学生针对以下问题进行思考、讨论回答。

问题1：你是如何管理照片的?

问题2：找一个用手机管理照片的App，该App（信息系统）有哪些功能? 如何使用?

问题3：手机管理照片的信息系统有哪些优点? 有哪些局限性?

问题4：你对该信息系统性能的完善有什么建议?

【设计意图】通过师生对话、探讨，启发学生思考，让学生从实际应用出发，思考探讨具体的解决方案，理解信息系统对社会发展的作用，培养他们的信息意识和社会责任意识。

2. 实践与体验

（1）明确实践任务

教师展示《黄油相机》的“我的相册”界面，分享展示，布置实践任务。

任务1：注册《黄油相机》的登录账号，体验《黄油相机》的使用过程。

任务2：探讨、分享利用《黄油相机》发布照片的优势和局限性。

【设计意图】从学生生活实际出发，通过分享自己优美的照片，激发学习兴趣，产生学习动机，明确实践任务。

（2）体验信息系统工作过程

教师在网络学习平台上发布《黄油相机》的使用视频。让学生通过视频完成体验《黄油相机》信息系统的任务，并归纳该系统的功能（表4.3-3）及其所属的类别（表4.3-4）。教师在网络学习平台上发布其他可供选择的学习资源，让学生有更多的选择。

表4.3-3 《黄油相机》信息系统的功能

功能模块名称	功能描述

表4.3-4 信息系统的分类

分类	系统类别
按照系统规模	
按照技术发展阶段	
按照应用范围	

【设计意图】本环节将学习过程细化为两步，先利用网络学习平台学习，然后动手体验信息系统的应用，让学生在对具体的信息系统有一定的了解并实践后，归纳总结信息系统的功能和所属分类。教师在网络学习平台上提供了多样化的数字资源，学生在使用网络学习平台的过程中逐步适应数字化学习的方式，提升数字化学习的素养。同时，学生通过实践操作，直观地感知信息系统的基本构成，理解信息系统的运行机制，从而培养了计算思维能力。

（3）归纳信息系统的优势和局限性

学生在体验了《黄油相机》的系统功能后，进一步深入思考信息系统的优势和局限性，提出自己独特的想法，然后填写表4.3-5。最后，将自己的想法发布到网络学习平台上，供大家交流和探讨，集思广益，从而修订和完善自己的观点。

表4.3-5 优势与局限性对比

对比项	平时传统管理照片的方式	用《黄油相机》管理照片的方式
优势		
局限性		

【设计意图】本环节在体验信息系统应用后进行总结归纳。根据任务在数字化学习环境中对学习过程和资源进行管理，并利用学习平台中的分享交流进行协作学习，进一步提高数字化学习能力，明确信息系统的优势和局限性，能运用这些知识对日常信息系统应用实例作出解释，培养了计算思维能力。

3. 拓展与提升

教师利用网络学习平台发布教学资源，要求学生根据自身的兴趣和经验，选择某个领域有实用价值的一个信息系统，对比传统的工作流程和方法，分析其优势和局限性，并将这个信息系统推荐给大家，最后把推荐理由和自己使用心得填入表4.3-6中。

表4.3-6 信息系统的使用心得和推荐理由

对比项	传统的工作方式	采用信息系统的工作方式
优势		
局限性		
推荐理由		

【设计意图】在前期实践体验的基础上，进一步体验、分析和分享自己熟悉的某个领域的信息系统，并在这个过程中进行总结、反思，开展自主探究学习，提出创造性的意见和建议，创造性地解决问题，提高数字化学习和创新的能力。

4. 总结归纳

（1）学生回顾信息系统应用的分类情况。

（2）总结一般信息系统应用的优势和局限性。

（3）对自己给出的关于信息系统应用的讨论意见进行反思，在课后深入应用的基础上提出修改和规划的建议。

（4）学习评价。

对自己和同伴的作品进行客观的评价，并思考后续完善的方向，然后填写表4.3-7。（5：优秀；4：超出一般水平；3：满意；2：有待改进；1：不太理想）

表4.3-7　学习评价

评分项	自我评价	同学互评
能合理区分信息系统的分类	5 4 3 2 1	5 4 3 2 1
能总结信息系统应用的优势和局限性	5 4 3 2 1	5 4 3 2 1
能利用网络学习平台进行学习和协作	5 4 3 2 1	5 4 3 2 1
能针对应用提出可行性的修改意见	5 4 3 2 1	5 4 3 2 1

【设计意图】通过回顾总结，使学生了解信息系统的一些应用和信息系统的分类，掌握信息系统应用的优势和局限性，提炼本课教学重点。并通过讨论新的信息系统应用的优化建议，鼓励学生继续深入研究，提高学习的自觉性和热情，提升创新意识。

（九）针对学科核心素养培养的设计

- 信息意识的培养。通过对“照片管理”问题的探讨，引发学生对该问题的思考，自觉、主动地寻求恰当的方式处理信息，提升对信息处理的自觉性。
- 计算思维的培养。通过“照片分享”的实践活动，体验问题解决的整个过程，知道信息系统的基本构成，理解信息系统的运行机制，掌握信息系统应用的优势和局限性，从而总结利用计算机解决问题的过程与方法，并迁移到与之相关的其他问题解决中。

- 数字化学习与创新的培养。主要通过利用网易云课堂学习平台和网络平台上的《黄油相机》信息系统，开展数字化学习，培养学生数字化学习的能力；通过管理和发布学习过程和资源，分享和发布自己的任务和观点，并开展协作和交流，进一步提高数字化学习的能力；最后在体验、分析和分享信息系统的过程中总结与反思，并提出创造性的意见和建议，创造性地解决问题，提高数字化学习和创新的能力。
- 信息社会责任的培养。创设了“利用信息系统管理照片”的情境，对于信息技术创新所产生的新观念和新事物，具有积极学习的态度、理性判断和负责行动的能力。认识信息系统在社会应用中的优势可以增强对信息技术、信息系统的认同度，提升应用的主动性；认识局限性，能够意识到信息系统潜在的风险，增强风险防范意识，提高风险防范能力，从而提升信息社会责任意识。

案例

案例 4.3-3　搭建信息系统

（一）课标内容要求

- 了解信息系统与外部世界的连接方式，以及常见网络设备的功能。
- 了解信息技术对社会发展、科技进步以及个人生活与学习的影响。
- 通过搭建小型信息系统的综合活动，体验信息系统的工作过程。

（二）学科核心素养

- 信息意识：能够按需求设计信息系统，明确软硬件需求；在合作学习过程中，愿意与团队成员共同解决问题，并与各组成员共享信息。
- 计算思维：明确需要解决的关键问题，理解智能终端与传感器的作用，并能够类比更多传感器的接入及使用；通过抽象和分解将实际问题具化实现的设计思路，并迁移到与之相关的其他问题解决中。

- 数字化学习与创新：在学习过程中，能适应数字化学习环境，利用数字化资源与工具完成作品。

（三）学业要求

- 知道信息系统与外部世界的连接方式，了解常见的传感与控制机制，以及接入方式、带宽等因素对信息系统的影响；
- 能构建简单的信息系统，积极利用各种信息系统促进学习与发展。

（四）教学内容分析

本节教学内容来源于高中信息技术必修2“信息系统与社会”。该内容分别从硬件搭建和软件模块选择或编程两方面展开。硬件是信息系统建立的基础，它的技术指标决定了信息系统的运行速度、可靠性、适用范围、可维护性等；软件是控制信息系统运行的中枢，主要包括操作系统、数据库管理系统和在这些系统基础上开发出来的信息系统软件包。本节教学是在前面有关信息系统理论知识学习基础上展开的，是对信息系统工作过程的深入学习和再思考。本内容主要建立信息系统这个学科大概念，在大概念的主导和贯穿下，关联以下核心概念：信息系统、信息技术、信息、人机交互、物联网、移动终端、协议、云计算等。引导学生在进一步理解信息系统的基础上，通过“系统与模块”“反馈与优化”“开放共享与安全保护”等学科逻辑，对信息系统的组成与功能以及工作过程有更深入的理解，能按照合理的思路来搭建信息系统，使得理论学习与实践活动有机结合。

（五）学情分析

学生具有信息系统应用的体验和经验，对信息系统的组成和功能有较为充分的了解，但在动手实践方面比较欠缺。本节通过理论联系实际，引导学生从实践中更好地内化知识与技能。

（六）教学目标

- 熟悉信息系统的硬件和软件组成，能描述硬件和软件的功能。
- 掌握搭建小型信息系统的一般方法。
- 能简单改写软件程序参数并调试结果，能分析信息系统随参数变化的趋势特征。
- 学会硬件接入与软件程序参数调试的一般方法。

（七）教学重点与难点

- 重点：根据需求搭建信息系统。
- 难点：硬件的类比接入及程序参数修改。

（八）教学活动设计

1. 引入新课

设置场景：为了自动监测蔬菜种植大棚内的温度变化，节省人工，同时更加科学有效地管理种植过程，需要设计一个“室内环境监测系统”。教师展示带温度传感与蜂鸣功能的“室内环境监测系统”（部分设备连接示意图如图4.3-8所示）并提问：若要实现温度的检测，需要哪些硬件设备？这些硬件分别实现什么功能？每一个硬件对整个系统起到怎么样的作用？

图4.3-8　部分设备连接示意图

【设计意图】引起学生兴趣，让学生感受信息技术对生产、生活带来的影响，引导学生从系统需求设计出发，考虑实际操作所需的硬件设备，从而引出室内环境实时监测的硬件要求，理论联系实际。

2. 讲授新课

（1）硬件连接

①分析学生分享的观点，归纳总结学生的答案，然后以多媒体演示文稿或板书的形式介绍传感设备和智能终端的功能及作用。

②根据学校配置的教具情况，给每组发放硬件。发放数量由小组的需求及硬件的数量等综合因素决定。

【设计意图】让学生了解智能终端有多种选择。课堂中，可根据学校的实际情况，着重介绍一种智能终端。有条件的学生可以用其他智能终端实现类似功能，目的是让学生明白智能终端的普遍工作原理，而不局限于了解某个特定硬件上。

（2）程序调试

①通过教师讲解并给出实例代码，让学生了解传感器设备和智能终端的简单控制程序，并通过扩展板连接更多硬件，实现温度的输出。

②通过搜索互联网资料，探究更多室内环境实时监测系统所需传感器使用情况，如添加湿度传感器，配置报警临界值，并修改代码，使得系统在监测温度的同时也能监测湿度。

【设计意图】任务驱动，支持学生自主学习，推动小组合作完成任务。通过实践让学生强化相应知识的掌握，从而实现知识的内化。同时，让学生在制作作品的过程中获得成就感，提高学习系统开发的兴趣。

③思考：如何把传感器的数据传到计算？

观看“物联网科普”视频，了解传感器数据是怎样通过网络传入计算机的，

然后介绍串口获取方式，最后让学生思考：还有其他方式吗？（蓝牙，网络）

【设计意图】学生通过对比自己的作品与视频中的作品，感受一个完整的室内环境实时监测系统应该具备的要素。同时，引导学生思考数据的传递方式，突出数据的概念，明确数据在信息系统中的作用。

3. 实践体验

学生根据功能需要搭建信息系统。

教师在学生实践过程中做好指导工作，及时解答学生遇到的问题，鼓励有创新的同学。

【设计意图】引导学生加深对关键代码和参数的理解，感受利用系统硬件与软件开发解决实际问题的过程，加深对信息系统开发过程的理解，同时获得成就感。

4. 交流总结

学生展示作品，相互学习和交流。可鼓励学生相互点评。教师及时鼓励好的作品，对出现的常见错误进行分析，并总结本节课所学知识。

【设计意图】作品评价、促进学生的交流与互相学习。

（九）针对学科核心素养培养的设计

- 信息意识。通过对“室内环境监测系统需要哪些硬件和软件”问题的思考，能明确软硬件需求，并在合作学习过程中，愿意与团队成员共同解决问题，与各组成员共享信息，以此来增强信息意识。
- 数字化学习与创新。通过搭建室内环境监测系统的活动，为学生提供硬件接入或软件调试的实践机会，创设良好的数字化学习与探究的环境。学生在搭建过程中及时发现与收集问题，通过学习与探究解决问题，从而养成创新的意识与习惯。
- 计算思维。在多个实践任务中，在剖析学习示例系统的基础上，尝试硬件接入与软件参数调试，并进行类比，引导学生发现这些操作之间的共性，挖掘其背后的学科思想，同时掌握一般的过程与方法，并迁移到与之相关的问题解决中。学生通过对信息系统硬件搭建与软件开发的实践体验，提高利用信息系统解决日常生活问题的能力，增强计算思维能力。

参考文献

[1] 中华人民共和国教育部.普通高中信息技术课程标准（2017年版）[M].北京：人民教育出版社，2018.

[2] 李锋，熊璋.面向核心素养的信息技术课程数据与计算模块[J].中国电化教育，2017(1)：27-32.

[3] 任友群，黄荣怀.普通高中信息技术课程标准（2017版）解读[M].北京：高等教育出版社，2018.

[4] 联合国信息社会世界峰会.原则宣言.2003.

[5] 周世杰，李文明.面向学科思想方法的信息技术教学思考与实践[J].教育传播与技术，2020(2)：35-38.

[6] 聂兰顺，战德臣，宋巧红.计算思维的教学内容与方法研究——以“算法”和“系统”两种问题求解的计算思维为例[J].工业和信息化教育，2013(6)：21-27.

[7] John W.Thomas. A Review of Research on Project-based Learning[DB/OL].http: //www.bie.org/images/uploads/general/9d06758fd346969cb63653d00dca55c0.pdf, 2016-01-15.

[8] 夏耘，黄小瑜.计算思维基础[M].北京：电子工业出版社，2012，8.

[9] 刘鲁.信息系统：原理、方法与应用[M].北京：高等教育出版社，2006，12.

[10] 张亚明.信息技术与战略关系的演变[J].经济管理·新管理，2002，10.

[11] 国家信息中心“信息社会发展研究”课题组.从工业社会加速向信息社会转型[N].光明日报，2015-07-08.

［12］张新红.中国信息社会测评报告2011［R］.2011.
［13］董士海，王衡.人机交互［M］.北京：北京大学出版社，2010.
［14］孙妍彦，李士岩，陈宪涛.情感化语音交互设计［J］.装饰，2019（11）：22-27.
［15］唐旭，陈蓓.浅谈物联网在智能家居中的应用趋势［J］.电脑知识与技术，2019（31）：239-240.
［16］周运生.物联网模式下通信井盖智能化升级解决方案［J］.信息技术与信息化，2019（12）：137-139.
［17］李方格.校园网安全机制的研究［J］.福建电脑，2012（7）.
［18］饶章宇.基于ZigBee的智能大棚系统设计［J］.计算机时代，2019（8）：21-23.
［19］朱近之.智慧的云计算［M］.北京：电子工业出版社，2010.
［20］杨阳.云计算的现状及发展趋势［J］.电脑开发与应用，2012（2）：61-63.
［21］国际标准化组织（ISO）定义.
［22］丁辉.安全风险术语辨析［J］.中国应急管理科学，2020（2）.
［23］赵泓，肖雪龙.通信革命的力量［J］.中国出版，2010（14）：76.
［24］汪传雷，刘新妍，汪涛.农业和农村信息资源开发利用法规政策演进研究［J］.现代情报，2012（3）.
［25］吕耀怀.数字化生存的道德空间——信息伦理学的理论与实践［M］.北京：中国人民大学出版社，2019.

［26］邬贺铨.从互联网到物联网［J］.办公自动化，2011，7(1)：7-8.
［27］王楠.浅析智慧博物馆［J］.文物鉴定与鉴赏，2019(12).
［28］苏美文.物联网发展现状及其中国发展模式的战略选择［J］.技术经济与管理研究，2015(2)：121-124.
［29］罗晓慧.浅谈云计算的发展［J］.电子世界，2019(8)：104.
［30］张米尔，冯永琴.私有协议：技术标准的新形态及生成机制研究［J］.科研管理，2010(7).
［31］克劳斯·乌赫勒，鲍里斯·埃里森，哈马德·图尔.国际电工委员会(IEC)、国际标准化组织(ISO)、国际电信联盟(ITU)2012年世界标准日祝词.湖南日报，2012-10-15.
［32］王志荣.信息法概论［M］.北京：法制出版社，2003.
［33］徐颖.为App收集使用个人信息划定边界［J/OL］.人民网，http://m.people.cn/n4/2019/0308/c25-12421495.html，2019-03-08.
［34］张彦顺.初中地理学科逻辑探讨［J］.中小学教材教学，2015(2).
［35］王晨光. 美国最新修订FOSS2017科学课程的特色及启示［J］. 现代中小学教育，2018，34(6)：81-85.
［36］赖均.软件工程［M］.北京：清华大学出版社，2016.
［37］徐胜元.控制的方法与思想［R］.2014，4.
［38］付泉.管理信息系统［M］.湖北：华中科技大学出版

社，2013.

[39] 马云. 人类正从IT时代走向DT时代 [J/OL]. 人民网，http: //it.people.com.cn/n/2015/0608/c1009-27117229.html，2015-06-08.

[40] 国务院《促进大数据发展行动纲要》，2015-08.

[41] 周琳，龚雯. 让大数据有大价值——首部针对公共数据开放的地方规章亮点聚焦 [J/OL]. 新华网，2019-09-26.

[42] 冀翠萍，翟霞. 政务大数据：政府治理的新动能 [N]. 学习时报，2018-02-05.

[43] 马春林，许捷. 地理空间数据资源共享交换平台建设初探 [J]. 测绘与空间地理信息，2020 (3).

[44] 习近平. 在中央网络安全和信息化领导小组第一次会议上的讲话 [N]. 人民日报，2014-2-28.

[45] 崔允漷. 教学目标——不该被遗忘的教学起点 [J]. 人民教育，2004 (13)：16-18.

[46] 崔允漷. 如何开展指向学科核心素养的大单元设计 [J]. 北京教育（普教版），2019 (2)：12-16.

[47] 郑晓燕. 从技能操作考查走向学生学科核心素养评估 [J]. 中小学信息技术教育，2019 (8).

[48] 张飞. 指向物理核心素养的教学目标分析与设计 [J]. 中学物理教学参考，2018 (10).

[49] 张立新，张丽霞. 基于学习理论的教学内容分析与组织的模式 [J]. 电化教育研究.1998 (6).